Christine Röll

Juguemos con los verbos

Actividades lúdicas con verbos para la clase de ELE (A1-B1)

www.tredition.de

© 2020 Christine Röll
Fotos und Zeichnungen: Christine Röll
Foto 1, S. 47: Nathan Dumlao auf unsplash
Lektorat: Ana Ruiz Duque

Verlag und Druck: tredition GmbH, Halenreie 42, 22359 Hamburg

ISBN
978-3-347-03530-0 (Paperback)
978-3-347-03531-7 (Hardcover)
978-3-347-03532-4 (e-Book)

© 2020 Christine Röll
Fotos y dibujos: Christine Röll
Foto 1, p. 47: Nathan Dumlao en unsplash
Correctora/Lectora editorial: Ana Ruíz Duque

Editorial e impresión: tredition GmbH, Halenreie 42, 22359 Hamburg

ISBN
978-3-347-03530-0 (libro de bolsillo)
978-3-347-03531-7 (tapa dura)
978-3-347-03532-4 (formato e-book)

Índice

Introducción 7

PARTE I 8

Descripción de los juegos 9

1 Pregúntame – Relacionar cartas 24

2 Cuestionario - Actividades del tiempo libre 25

3 Serpenteo de verbos– Presente de los verbos regulares y *ser* 26

4 Serpenteo de verbos – Presente de los verbos regulares y de uso frecuente 27

5 El juego de los verbos más importantes 28

6 El juego de memoria de las actividades cotidianas 29

7 Juego – Verbos irregulares en la primera persona del presente 30

8 Serpenteo de verbos del presente con cambio de raíz: e-ie y o-ue 31

9 Serpenteo de verbos del presente con cambio de raíz: e-ie, e-i y o-ue 32

10 Juego – ¿Qué hacen? - Verbos con cambio de raíz 33

11 Tarjetas - Verbos reflexivos y verbos recíprocos 34

12 Serpenteo de verbos - Presente de los verbos reflexivos 39

13 Un día en la vida de Irene – Cartas para recortar 40

14 La rutina diaria de Cristina 41

15 ¿Qué crees que están haciendo? 42

16 ¿Qué están haciendo? 43

17 ¿Qué han hecho? 45

18 ¿Qué ha pasado antes? 47

19 Juego - ¿Alguna vez has ...? 48

20 ¿Este mes/esta semana has ...? 52

21 El día de Jorge – Minicuento en el pretérito perfecto 53

22 La mañana de Antonia – Minicuento en el pretérito perfecto 54

23 Serpenteo de verbos – Indefinido de los verbos regulares 55

24 Serpenteo de verbos – Indefinido de los verbos irregulares 56

25 Biografía de Penélope Cruz – Verbos en el indefinido 57

26 ¿Qué hizo Luisa? – Minicuento en el indefinido 58

27 El día de David – Minicuento en el indefinido 59

28 ¿Puedes terminar las historias? 60

29 Por última vez 61

30 ¿Qué hicieron ayer? Encuentra las diferencias...62

31 Serpenteo de verbos – Imperfecto 65

32 ¿Qué pasó? - Minicuentos..66

33 Cuéntame qué pasó...70

34 ¿Qué te gusta hacer en las vacaciones? 71

35 ¿Qué prefieres? 72

36 Juego – A ver si coincidimos (gustos y preferencias) 74

37 Serpenteo de verbos – Condicional..75

38 ¿Qué nuevas cosas te gustaría hacer? 75

39 ¿Qué va a pasar? – Minicuentos..77

40 Un lugar de ensueño 80

41 Actividades nada aburridas...81

42 Dominó - Parejas de palabras (verbos y sustantivos)...82

43 Juego del imperativo - Cómo mantener la salud 84

44 Consejos para reducir tu huella ecológica y proteger el medio ambiente..........85

PARTE II – Hojas de gramática..87

Presente de los verbos regulares 88

Verbos con cambio de raíz 89

Lista de los verbos con cambio de raíz en el presente 90

Pretérito perfecto...91

Indefinido...92

Imperfecto 94

Imperativo 96

Introducción

Los juegos no solo ayudan a los niños a aprender de forma lúdica, también son útiles en la clase de ELE. En el juego intervienen factores motivacionales y de interacción de unos con otros: involucran a los estudiantes y los mantienen interesados por sus elementos inherentes como el reto, la competencia y el azar. Las actividades lúdicas son un método centrado en el alumno porque les hacen reflexionar sobre lo que han aprendido, sobre todo cuando se lo explican a sus compañeros. De este modo, los unos aprenden de los otros. Los alumnos asumen un papel activo y el profesor solo interviene cuando el alumnado lo necesita.

Según J. Hadfield, hay dos tipos de juegos para practicar la lengua: los juegos que se centran en la corrección y los juegos comunicativos cuyo objetivo es un intercambio significativo de informaciones e ideas[1]. Los juegos comunicativos fomentan la interacción y las estrategias efectivas de comunicación, ya que los alumnos necesitan hablar con sus compañeros y escucharlos para resolver la tarea. Este tipo de actividades contiene frecuentemente en un vacío de información.

Los juegos que se basan en la corrección son similares a los ejercicios pero más divertidos porque se trata de una actividad lúdica. Los ejercicios estructurales o de práctica controlada (ejercicios de *drill*) son una actividad para interiorizar y automatizar el conocimiento de los contenidos gramaticales. Parecen ir en contra de los principios del método comunicativo que da mucha importancia a la interacción y al desarrollo de la competencia comunicativa y menos a la corrección lingüística. A menudo se desalienta a los docentes utilizar los ejercicios de práctica controlada porque son propuestas didácticas de los años 60 y 70 del siglo XX basadas en el estructuralismo y en el conductismo. Sin embargo, todavía tienen su lugar en la enseñanza de idiomas porque ayudan a los estudiantes a automatizar estructuras gramaticales, como explica John Scrivener: «Todavía podemos argumentar que nuestros cerebros necesitan 'automatizar' las tareas sin tener que creer en toda la filosofía 'estímulo-respuesta'. Parece muy claro, basándonos en la experiencia cotidiana, que practicando conseguimos hacer determinadas cosas mejor»[2]. Las estructuras gramaticales y el vocabulario se fijan en nuestra memoria a largo plazo solo a través de la repetición, visto que la memoria a corto plazo tiene muy poco espacio de almacenamiento. Por consiguiente, las actividades lúdicas en el aula de idiomas son útiles para memorizar estas estructuras y los verbos.

Esta colección se concibe como material complementario apto para cursos impartidos en diferentes instituciones, por ejemplo centros escolares, universidades o la Universidad Popular. Consta de dos tipos de juegos y actividades: el primer tipo facilita la memorización de la conjugación de los verbos de forma divertida y el segundo tipo brinda oportunidades para hablar y practicar la escritura creativa. Las imágenes que forman parte de varias actividades sirven como anclas visuales para reforzar la memorización del vocabulario.

El profesor necesita un tiempo mínimo para preparar los materiales. La mayoría se presenta en hojas de trabajo o como juegos fotocopiables para ser directamente utilizados en clase. Es recomendable ampliar las fotocopias de los juegos que están escritos en letra pequeña. Además es conveniente pegar los juegos a cartulina para darles un soporte rígido de modo que duren a lo largo del tiempo. En las hojas de gramática se resumen los aspectos gramaticales más relevantes.

Para más materiales didácticos, visite el siguiente sitio web:
https://www.teaching-english-and-spanish.de/

---

[1] Hadfield, Jill (2010). *Beginners' communication games: Photocopiable material.* 13. impr, Longman, p. 8

[2] Scrivener, John and Jim Scrivener (2011). *Learning Teaching. The essential guide to English language teaching.* 3. ed., Macmillan books for teachers, p. 170

PARTE I

Juegos

Descripción de los juegos

En las descripciones de los juegos se usa la forma masculina refiriéndose a mujeres y hombres para simplificar los textos.

1 Pregúntame

Tipo de actividad	Relacionar cartas y conversar con los compañeros
Gramática/ Vocabulario	**Formular preguntas**
Se necesita	Suficientes copias de la hoja de preguntas (un juego para tres a cinco alumnos). Es recomendable usar un color diferente para cada fotocopia para poder distinguir los juegos. Recortar las cartas.
Desarrollo del juego o de la actividad	Los alumnos forman grupos de tres a cinco personas. Se disponen las cartas boca arriba. Los alumnos relacionan las dos partes de las preguntas. Después se hacen preguntas los unos a los otros.

2 Cuestionario - Actividades del tiempo libre

Tipo de actividad	Actividad social
Gramática/ Vocabulario	**Rutina diaria** Gramática: presente de los verbos regulares e irregulares, verbos reflexivos (levantarse, ducharse, lavarse, acostarse)
Se necesita	Sacar suficientes copias del cuestionario
Desarrollo del juego o de la actividad	Los alumnos rellenan el cuestionario. Después todos se ponen en pie y cada cual se dirige a otra persona. Intentan hablar con el máximo número de personas para encontrar a personas con los mismos intereses. Durante cada charla, anotan el nombre de la persona. Cuando hayan terminado de hablar con una persona, se despiden de ella y buscan nueva pareja para seguir compartiendo informaciones. Después de la actividad habrá una puesta en común.

3 Serpenteo de verbos – Presente de los verbos regulares y *ser*

Tipo de actividad	Juego de tablero
Gramática/ Vocabulario	**Conjugar los verbos regulares del presente, ser y estar**
Se necesita	Suficientes copias del juego
Desarrollo del juego o de la actividad	Los alumnos juegan en parejas o en grupos de tres. Un alumno tira el dado y avanza el número correspondiente de casillas siguiendo las flechas. El dado también indica la persona del verbo (1 = yo, 2 = tú ...). El alumno conjuga el verbo en la persona indicada. Si es correcto, puede quedarse en la casilla; de lo contrario debe retroceder una casilla. Si un jugador llega a una casilla con una flecha que apunta hacía arriba o abajo, debe seguirla. Si un jugador llega a una casilla que dice "Conjuga..." debe conjugar todas las personas del verbo. Gana quien termina primero.

4 Serpenteo de verbos – Presente de los verbos regulares y de uso frecuente

Tipo de actividad	Juego de tablero
Gramática/ Vocabulario	**Conjugar los verbos regulares del presente, ser y estar**
Se necesita	Suficientes copias del juego
Desarrollo del juego o de la actividad	Los alumnos juegan en parejas o en grupos de tres. Un alumno tira el dado y avanza el número correspondiente de casillas siguiendo las flechas. El dado también indica la persona del verbo (1 = yo, 2 = tú ...). El alumno dice el verbo en la persona indicada. Si es correcto, puede quedarse en la casilla; de lo contrario debe retroceder una casilla. Si un jugador llega a una casilla con una flecha que apunta hacía arriba o abajo, debe seguirla. Si un jugador llega a una casilla que dice "Conjuga..." debe conjugar todas las personas del verbo. En algunos casos, los jugadores deben terminar la frase con sus propias palabras. Gana quien termina primero. Verbos irregulares : estar (yo estoy) hacer (yo hago) salir (yo salgo) saber (yo sé) ver (yo veo) ser (soy, eres, es, somos, sois, son)

5 El juego de los verbos importantes

Tipo de actividad	Juego de tablero
Gramática/ Vocabulario	**Conjugar los verbos regulares y los verbos *hacer, ser* y *estar***
Se necesita	Suficientes copias del juego
Desarrollo del juego o de la actividad	Los alumnos juegan en parejas o en grupos de tres. Un alumno tira el dado y avanza el número correspondiente de casillas siguiendo las flechas. El dado también indica la persona del verbo (1 = yo, 2 = tú ...). El alumno conjuga el verbo en la persona indicada. Si es correcto, puede quedarse en la casilla; de lo contrario debe retroceder una casilla. Gana quien termina primero.

6 El juego de memoria de las actividades cotidianas

Tipo de actividad	Juego memoria
Gramática/ Vocabulario	**Repasar el presente de los verbos importantes que describen actividades cotidianas y conjugarlos en la primera y tercera persona**
Se necesita	Una hoja por alumno
Desarrollo del juego o de la actividad	Los alumnos completan las frases referente a las actividades cotidianas. Luego, en parejas, hablan sobre estas actividades. No pueden anotar nada, solo escuchan. Después informan al grupo (o a un grupo pequeño si son muchos alumnos) sobre las actividades de la pareja. Si la información no es correcta, la pareja la corrige.

7 Juego – Verbos irregulares en la primera persona del presente

Tipo de actividad	Juego de tablero
Gramática/ Vocabulario	**Repasar y conjugar los verbos que tienen la primera persona irregular**
Se necesita	Suficientes copias del juego, fichas y dados
Desarrollo del juego o de la actividad	Los estudiantes juegan en parejas. Los jugadores colocan sus fichas en los términos opuestos. En cada turno pueden avanzar una casilla si han dicho el verbo correctamente. En caso contrario, deben retroceder una casilla. Deben conjugar la primera persona del verbo indicado. Gana quien llega primero a "Llegada".

8 Serpenteo de verbos – Verbos del presente con cambio de raíz: e-ie y o-ue

Tipo de actividad	Juego de tablero
Gramática/ Vocabulario	**Conjugar los verbos del presente con cambio de raíz: e-ie y o-ue**
Se necesita	Suficientes copias del juego
Desarrollo del juego o de la actividad	Los alumnos juegan en parejas o en grupos de tres. Un alumno tira el dado y avanza el número correspondiente de casillas siguiendo las flechas. El dado también indica la persona del verbo (1 = yo, 2 = tú ...). El alumno conjuga el verbo en la persona indicada. Si es correcto, puede quedarse en la casilla; de lo contrario debe retroceder una casilla. Si un jugador llega a una casilla con una flecha que apunta hacia arriba o abajo, debe seguirla. Si un jugador llega a una casilla que dice "Conjuga..." debe conjugar todas las personas del verbo. Gana quien termina primero.

o-ue	e-ie
contar	cerrar
probar	pensar
encontrar	empezar
volver	querer
poder	entender
dormir	tener (yo tengo)
	preferir
	venir (yo vengo)

9 Serpenteo de verbos – Verbos con cambio de raíz: e-ie, e-i y o-ue

Tipo de actividad	Juego de tablero
Gramática/ Vocabulario	**Conjugar los verbos del presente con cambio de raíz: e-ie y o-ue**
Se necesita	Suficientes copias del juego
Desarrollo del juego o de la actividad	Los alumnos juegan en parejas o en grupos de tres. Un alumno tira el dado y avanza el número correspondiente de casillas siguiendo las flechas. El dado también indica la persona del verbo (1 = yo, 2 = tú ...). El alumno conjuga el verbo en la persona indicada. Si es correcto, puede quedarse en la casilla; de lo contrario debe retroceder una casilla. Si un jugador llega a una casilla con una flecha que apunta hacía arriba o abajo, debe seguirla. Si un jugador llega a una casilla que dice "Conjuga..." debe conjugar todas las personas del verbo. Gana quien termina primero.

o-ue	e-ie	e-i
probar encontrar poder volver dormir jugar (u-ue)	pensar empezar preferir querer entender tener (yo tengo)	decir (yo digo) seguir (yo sigo) repetir pedir

10 ¿Qué hacen? - Verbos con cambio de raíz

Tipo de actividad	Juego de tablero
Gramática/ Vocabulario	**Repasar y conjugar verbos importantes con cambio de raíz y conjugarlos en la tercera persona**
Se necesita	Suficientes copias del juego, fichas y dados
Desarrollo del juego o de la actividad	Es recomendable que, antes del juego, el profesor repase los verbos con cambio de raíz, sobre todo los verbos que salen en el juego. Además puede ayudar a los alumnos buscar el significado de los dibujos antes del juego. Los estudiantes juegan en parejas. Un alumno arroja una moneda. Si sale cara, avanza una casilla y si sale cruz, avanza dos casillas. Luego dice qué hace la persona de la casilla usando la tercera persona del verbo. Si la respuesta es aceptable y la forma del verbo es correcta, puede avanzar durante el próximo turno, de lo contrario, debe saltarse el turno. Si un jugador llega a una casilla que ya ha sido solucionada por el otro jugador, puede avanzar una casilla. Gana quien llega primero a "Llegada". Verbos del juego: e-ie: pensar, cerrar, nevar, sentarse e-i: seguir, vestirse, despedirse u-ue: jugar, acostarse, soñar, encontrar, volar, llover, volver

11 Tarjetas de actividades - Verbos reflexivos y verbos recíprocos

Tipo de actividad	Juego de conjugación
Gramática/ Vocabulario	**Repasar y conjugar los verbos reflexivos y recíprocos importantes** El juego se puede usar para repasar diversos tiempos.
Se necesita	Suficientes juegos de las tarjetas recortadas
Desarrollo del juego o de la actividad	Los estudiantes juegan en parejas o en grupos de tres. Un jugador coge una tarjeta de la pila y tira el dado. El número que indica el dado corresponde a la persona del verbo (1 = yo, 2 = tú ...). El alumno conjuga el verbo en la persona indicada. Si es correcto, puede quedarse con la carta. De no ser así, puede quedarse con la tarjeta el alumno que diga la forma correcta. Después le toca al próximo alumno tirar el dado, coger una carta y conjugar el verbo. Ganará quien tenga el mayor número de tarjetas. Otra opción es jugar a las cartas. Para eso, se necesitan dos juegos de cartas recortadas por grupo. Cada alumno recibe el mismo número de cartas. El resto de las cartas se meten en una pila. Primero los jugadores se descartan de las cartas dobles. Las describen y las meten en una pila separada. Luego se juega por rondas. Cada alumno describe una de sus cartas. Si hay otro jugador con la misma carta, los dos pueden descartarlas. Si nadie tiene la misma carta, el jugador tiene que coger una carta de la pila de las cartas sobradas mientras queden cartas. Gana el jugador que primero se descarta de sus cartas.

Verbos regulares	**Verbos irregulares**
bañarse levantarse ducharse afeitarse lavarse las manos cepillarse/limpiarse los dientes mirarse en el espejo peinarse pintarse los labios/maquillarse relajarse asustarse alegrarse enamorarse presentarse saludarse besarse casarse pelearse aburrirse/cansarse reunirse	vestirse (e→i): se vistió/ se vistieron acostarse (o→ue) hacerse un selfie: hago/hice /hecho despertarse (e→ie) doy/di...

12 Serpenteo de verbos - Presente de los verbos reflexivos y recíprocos

Tipo de actividad	**Juego de tablero**
Gramática/ Vocabulario	**Conjugar los verbos reflexivos y recíprocos regulares e irregulares**
Se necesita	Suficientes copias del juego, fichas y dados
Desarrollo del juego o de la actividad	Los alumnos juegan en parejas o en grupos de tres. Un alumno tira el dado y avanza el número correspondiente de casillas siguiendo las flechas. El dado también indica la persona del verbo (1 = yo, 2 = tú ...). El alumno conjuga el verbo en la persona indicada. Si es correcto, puede quedarse en la casilla; de lo contrario debe retroceder una casilla. Si un jugador llega a una casilla con una flecha que apunta hacia arriba o abajo, debe seguirla. Si un jugador llega a una casilla que dice "Conjuga..." debe conjugar todas las personas del verbo. Gana quien termina primero.

Verbos irregulares		
o-ue	e-ie	e-i
acostarse	sentarse divertirse sentirse	despedirse

hacerse (yo me hago)
irse (me voy, te vas, se va, nos vamos, os vais, se van)

13 Un día en la vida de Irene – Cartas para recortar

Tipo de actividad	**Ordenar actividades cronológicamente**
Gramática/ Vocabulario	**Repasar verbos que decriben la rutina diaria** Gramática: Presente de los verbos regulares e irregulares, verbos reflexivos (levantarse, ducharse, lavarse, acostarse)
Se necesita	Suficientes copias de la hoja y recortar las frases.
Desarrollo del juego o de la actividad	Los alumnos juegan por parejas o grupos pequeños. Ordenan las cartas cronológicamente. Si se organiza la actividad como concurso, ganará el grupo que termina primero.

14 La rutina diaria de Cristina

Tipo de actividad	**Escritura guiada (minicuento)**
Gramática/ Vocabulario	**Escribir un texto en el presente** Verbos que describen rutina y actividades diarias Organizar un texto (antes de + infinitivo, después de + infinitivo, primero, después, luego, seguidamente, últimamente)
Se necesita	Una copia de la hoja por pareja
Desarrollo del juego o de la actividad	Por parejas, los alumnos escriben una historia a partir de los dibujos. Después de terminar la historia, comparan su cuento con su pareja.

15 ¿Qué crees que están haciendo?

Tipo de actividad	Actividad individual y en parejas; adivinar actividades diarias
Gramática/ Vocabulario	**Escribir y hablar sobre actividades usando *estar* + gerundio**
Se necesita	Una hoja por alumno
Desarrollo del juego o de la actividad	Cada alumno hace hipótesis sobre las actividades representadas en los dibujos. Después comparan sus ideas.
Posibles actividades	está yendo en bicicleta, está jugando con un perro, está esquiando, está patinando, está haciendo gimnasia, está pescando, está leyendo un libro, están bailando

16 ¿Qué están haciendo? Encuentra las diferencias.

Tipo de actividad	Actividad en parejas; describir actividades diarias
Gramática/ Vocabulario	**Hablar sobre actividades usando *estar* + gerundio**
Se necesita	Una hoja A y B respectivamente por pareja
Desarrollo del juego o de la actividad	Los alumnos juegan en parejas. Cada uno describe las actividades de su hoja sin enseñarla a la pareja. Los alumnos deben encontrar las diferencias entre sus ilustraciones.

17 ¿Qué han hecho?

Tipo de actividad	Actividad en parejas
Gramática/ Vocabulario	**Conjugar verbos importantes en el pretérito perfecto** Verbos irregulares: escribir (escrito); ver (visto)
Se necesita	Una fotocopia de la hoja A y B por pareja
Desarrollo del juego o de la actividad	Los alumnos ponen los verbos indicados en el pretérito perfecto. Después un alumno explica a su pareja que hace(n) la(s) persona(s). La pareja lo anota. Después intercambian papeles. Al final, hablan sobre lo que han hecho hoy.

18 ¿Qué ha pasado antes?

Tipo de actividad	Actividad en parejas; escritura creativa
Gramática/ Vocabulario	**Usar verbos en el pretérito perfecto**
Se necesita	Una copia de la hoja por pareja
Desarrollo del juego o de la actividad	Cada alumno escribe unas frases sobre lo que han hecho las personas en las fotos antes o qué ha pasado. Después comparan su versión con la de su pareja.

19 ¿Alguna vez has ...?

Tipo de actividad	Juego de parejas
Gramática/ Vocabulario	**Repasar verbos del pretérito perfecto; hacer y contestar preguntas; indicar frecuencia: nunca/una vez/a veces/ muchas veces ...** **Hacer comentarios: Yo no. Yo también. Yo sí. Yo tampoco.**
Se necesita	Suficientes juegos de las tarjetas recortadas
Desarrollo del juego o de la actividad	Los estudiantes juegan en parejas o en grupos de tres. Un jugador coge una tarjeta de la pila. Luego pregunta a su pareja si ya ha hecho lo que muestra el dibujo, por ejemplo «¿Alguna vez has perdido el autobús?» La pareja contesta, por ejemplo: «No, nunca he perdido el autobús» o «Si, muchas veces he perdido el autobús.» La pareja lo comenta. Después de la actividad, los estudiantes comentan algunas cosas que tienen en común. Verbos (sugerencias) tener una mascota, viajar en globo, jugar al ajedrez, tocar la guitarra, ir en moto o scooter, hacer (irr.) un muñeco de nieve, romperse (irr.) una pierna, estar en París, jugar al fútbol, ir al circo, hacer (irr.) yoga, hacer cámping, cocinar un plato español/chino..., ir al teatro/actuar, pintar, hacer una barbacoa, perder el autobús, hornear galletas

20 ¿Este año/este mes/esta semana has ...?

Tipo de actividad	Actividad en parejas
Gramática/ Vocabulario	**Repasar y conjugar verbos en la primera y segunda persona del preterito perfecto.**
Se necesita	Una copia por estudiante
Desarrollo del juego o de la actividad	Los estudiantes preguntan a su pareja qué han hecho este año/este mes/esta semana (lo que sea lo más apropiado) y deben encontrar las cosas que han hecho los dos.

21 El día de Jorge
22 La mañana de Antonia

Tipo de actividad	Escritura guiada (minicuento)
Gramática/ Vocabulario	**Escribir un texto en el pretérito perfecto** Organizar un texto (primero, después, luego, seguidamente, por último) Escribir sobre la persona (en el presente)
Se necesita	Una copia de la hoja por pareja
Desarrollo del juego o de la actividad	En parejas, los alumnos escriben una historia a partir de la historieta. También describen las personas (su aspecto, edad, qué hacen, etc.). Después de terminar la historia, comparan su cuento con el de otra pareja para crear una versión conjunta corrigiendo los errores y añadiendo nuevos aspectos. Finalmente, se leen las historias en voz alta. Otra posibilidad es que las parejas reciban historietas distintas. Escriben una historia a partir de su historieta y la cuentan a su pareja sin que esta pueda verla. La pareja toma notas y recuenta la historia. Así se puede averiguar si la ha entendido correctamente.

23 Serpenteo de verbos – Indefinido de los verbos regulares

Tipo de actividad	**Juego de tablero**
Gramática/ Vocabulario	**Conjugar los verbos regulares en el indefinido**
Se necesita	Suficientes copias del juego, fichas y dados
Desarrollo del juego o de la actividad	Los alumnos juegan en parejas o en grupos de tres. Un alumno tira el dado y avanza el número correspondiente de casillas siguiendo las flechas. El dado también indica la persona del verbo (1 = yo, 2 = tú ...). El alumno dice el verbo en la persona indicada. Si es correcto, puede quedarse en la casilla; de lo contrario debe retroceder una casilla. Si un jugador llega a una casilla con una flecha que apunta hacia arriba o abajo, debe seguirla. Si un jugador llega a una casilla que dice "Conjuga..." debe conjugar todas las personas del verbo. En algunos casos, los jugadores deben terminar la frase con sus propias palabras. Gana quien termina primero.

24 Serpenteo de verbos– Indefinido de los verbos irregulares

Tipo de actividad	**Juego de tablero**
Gramática/ Vocabulario	**Conjugar los verbos irregulares en el indefinido**
Se necesita	Suficientes copias del juego, fichas y dados
Desarrollo del juego o de la actividad	Los alumnos juegan en parejas o en grupos de tres. Un alumno tira el dado y avanza el número correspondiente de casillas siguiendo las flechas. El dado también indica la persona del verbo (1 = yo, 2 = tú ...). El alumno dice el verbo en la persona indicada. Si es correcto, puede quedarse en la casilla; de lo contrario debe retroceder una casilla. Si un jugador llega a una casilla con una flecha que apunta hacia arriba o abajo, debe seguirla. Si un jugador llega a una casilla que dice "Conjuga..." debe conjugar todas las personas del verbo. Gana quien termina primero.

25 Biografía de Penélope Cruz

Tipo de actividad	**Ordenar los acontecimientos cronológicamente**
Gramática/ Vocabulario	**Indefinido (biografía)**
Se necesita	Suficientes copias de la hoja y recortar las cartas
Desarrollo del juego o de la actividad	El profesor pregunta a los alumnos si conocen a Penélope Cruz y qué saben de ella. Después se forman parejas o grupos de tres. Meten las cartas recortadas en orden cronológico. Ganará el grupo que termine primero.

26 ¿Qué hizo Luisa?

Tipo de actividad	Escritura guiada
Gramática/ Vocabulario	**Rutina diaria** Indefinido de los verbos para describir la rutina diaria. Hay varios verbos reflexivos (levantarse, ducharse, vestirse, cepillarse los dientes, peinarse, maquillarse, mirarse en el espejo). Organizar un texto (primero, después, luego, seguidamente, por último)
Se necesita	Copia de la hoja por alumno
Desarrollo del juego o de la actividad	Los alumnos escriben una historia a partir de las viñetas e inventan un fin. Después hay una puesta en común.

27 El día de David – Minicuento en el indefinido

Tipo de actividad	Escritura guiada
Gramática/ Vocabulario	**Indefinido y presente (para describir a David)** Organizar un texto (primero, después, luego, seguidamente, por último)
Se necesita	Copia de la hoja por alumno
Desarrollo del juego o de la actividad	Los alumnos escriben una historia a partir de las viñetas. Ellos deciden el orden de las viñetas y pueden añadir nuevos elementos.

28 ¿Puedes terminar las historias?

Tipo de actividad	Escribir un minicuento
Gramática/ Vocabulario	**Indefinido**
Se necesita	Una copia de la hoja por alumno
Desarrollo del juego o de la actividad	Los alumnos terminan una de las tres historias trabajando individualmente o en parejas. Después o en casa, escriben sobre un acontecimiento que han vivido. El profesor les indica el número aproximado de palabras que deben escribir.

29 Por última vez

Tipo de actividad	Hacer preguntas
Gramática/ Vocabulario	**Preguntas en el indefinido y complementos circunstanciales de tiempo (ayer, anoche, hace …, en el año …)**
Se necesita	Una hoja por cada dos o tres alumnos
Desarrollo del juego o de la actividad	Los estudiantes juegan en parejas o en grupos de tres. Un jugador pregunta a otro, por ejemplo: «¿Cuándo fuiste al dentista por última vez?» El alumno contesta, por ejemplo «hace un mes.» Después otro alumno hace una pregunta. Si los alumnos ya dominan el indefinido, pueden hablar con más detalle sobre sus experiencias.

30 ¿Qué hicieron ayer? Encuentra las diferencias.

Tipo de actividad	Actividad en parejas o en grupos de tres; describir actividades diarias
Gramática/ Vocabulario	**Hablar sobre actividades usando el indefinido**
Se necesita	Una hoja A y B respectivamente por pareja o A, B, C si se trata de grupos de tres jugadores
Desarrollo del juego o de la actividad	Los alumnos juegan en parejas o con tres personas. Cada uno describe las actividades de su hoja sin enseñarla a los demás. Los alumnos deben encontrar las diferencias entre sus ilustraciones.

31 Serpenteo de verbos – Imperfecto

Tipo de actividad	**Juego de tablero**
Gramática/ Vocabulario	**Conjugar los verbos en imperfecto; verbos irregulares: ser, ir, ver**
Se necesita	Suficientes copias del juego
Desarrollo del juego o de la actividad	Los alumnos juegan en parejas o en grupos de tres. Un alumno tira el dado y avanza el número correspondiente de casillas siguiendo las flechas. El dado también indica la persona del verbo (1 = yo, 2 = tú ...). El alumno conjuga el verbo en la persona indicada. Si es correcto, puede quedarse en la casilla; de lo contrario debe retroceder una casilla. Si un jugador llega a una casilla con una flecha que apunta hacía arriba o abajo, debe seguirla. Si un jugador llega a una casilla que dice "Conjuga..." debe conjugar todas las personas del verbo. Gana quien termina primero.

32 ¿Qué pasó?

Tipo de actividad	**Escribir un minicuento**
Gramática/ Vocabulario	**Imperfecto e indefinido**
Se necesita	Suficientes copias de las hojas
Desarrollo de la actividad	Los alumnos, individualmente o en parejas, escriben un minicuento a partir de los dibujos e imaginándose qué pasó en la viñeta en blanco a partir del esquema de tiempos.

33 Cuéntame qué pasó

Tipo de actividad	**Escribir un minicuento**
Gramática/ Vocabulario	**Indefinido y posiblemente imperfecto en caso de una descripción**
Se necesita	Copias de las hojas
Desarrollo de la actividad	Los alumnos, individualmente o en parejas, terminan los minicuentos.

34 ¿Qué te gusta hacer en las vacaciones?

Tipo de actividad	Actividad en parejas o grupos pequeños
Gramática/ Vocabulario	**gustar (Me gusta…, ¿Qué te gusta?)** A mí también./A mí no./A mí tampoco./A mí sí. Actividades de vacaciones
Se necesita	Se necesita una copia de la hoja por alumno
Desarrollo del juego o de la actividad	Los alumnos seleccionan las actividades que les gustan y pueden añadir más. Comentan estas actividades con sus compañeros.

35 ¿Qué prefieres?

Tipo de actividad	Actividad en parejas o grupos pequeños
Gramática/ Vocabulario	**Uso del verbo preferir**
Se necesita	Suficientes juegos de las tarjetas recortadas
Desarrollo del juego o de la actividad	Los estudiantes juegan en parejas o en grupos de tres. Las tarjetas se disponen en la mesa. Un jugador coge dos tarjetas que tienen alguna relación y pregunta a otro jugador qué prefiere, por ejemplo, «¿Qué prefieres - las montañas o la playa?». El jugador contesta y coge dos tarjetas para hacer una pregunta a otro jugador. En caso del signo de interrogación, el jugador puede hacer una pregunta referente a cualquier cosa. El juego termina cuando se hayan agotado las tarjetas.

36 A ver si coincidimos

Tipo de actividad	Juego de tablero
Gramática/ Vocabulario	**Hablar sobre gustos, preferencias e intereses**
Se necesita	Una copia de la hoja por alumno
Desarrollo del juego o de la actividad	Los alumnos juegan en parejas. Empiezan en los términos opuestos del juego. Un alumno tira el dado y avanza el número correspondiente de casillas. Después contesta la pregunta de la casilla. El otro alumno tira el dado, avanza el número de casillas y contesta la pregunta. Gana quien termina primero.

37 Serpenteo de verbos – Condicional

Tipo de actividad	Juego de tablero
Gramática/ Vocabulario	**Conjugar el condicional, sobre todo en la primera persona**
Se necesita	Suficientes copias del juego
Desarrollo del juego o de la actividad	Los alumnos juegan en parejas o en grupos de tres. Un alumno tira el dado y avanza el número correspondiente de casillas siguiendo las flechas. El alumno emplea la primera persona del verbo y completa la frase, por

	ejemplo «Si me tocara la lotería, escucharía música todo el día». Si la forma es correcto, puede quedarse en la casilla; de lo contrario debe retroceder una casilla. Si un jugador llega a una casilla con una flecha que apunta hacia arriba o abajo, debe seguirla. Si un jugador llega a una casilla que dice "Conjuga..." debe conjugar todas las personas del verbo. En algunos casos, los jugadores deben terminar la frase con sus propias palabras. Gana quien termina primero.

38 ¿Qué nuevas cosas te gustaría hacer?

Tipo de actividad	Actividad en parejas o grupos pequeños (Hoja de trabajo)
Gramática/ Vocabulario	**Condicional (me gustaría)/** **A mí también./A mí no./A mí tampoco./A mí sí.** **Actividades relacionadas con el ocio**
Se necesita	Una copia de la hoja por alumno
Desarrollo del juego o de la actividad	Los alumnos marcan en la hoja cosas que les gustaría aprender y después lo comentan con su(s) compañero(s):

39 ¿Qué va a pasar?

Tipo de actividad	Escribir un minicuento
Gramática/ Vocabulario	**Futuro (ir a)**
Se necesita	Copias de las hojas
Desarrollo de la actividad	Los alumnos, individualmente o por parejas, escriben un minicuento a partir de los dibujos e imaginándose qué va a pasar. Una vez terminadas los cuentos, se comparan en el plenario.

40 Un lugar de ensueño

Tipo de actividad	Actividad en parejas o grupos pequeños (Hoja de trabajo)
Gramática/ Vocabulario	**ir a (intención)** **estar (para indicar lugar)**
Se necesita	Una copia de la hoja por alumno o pareja
Desarrollo del juego o de la actividad	Los alumnos marcan en la hoja cosas donde les gusta pasar un fin de semana y después lo comentan con su(s) compañero(s).

41 Actividades nada aburridas

Tipo de actividad	Actividad en parejas o grupos pequeños (Hoja de trabajo)
Gramática/ Vocabulario	**Hablar sobre actividades** Varios tiempos: Indefinido, p. ej. *Hice montañismo hace dos años.* Preterito perfecto, p. ej. *Nunca he ido en globo.* Presente, p. ej. *A veces/a menudo/regularmente voy en moto.* Comentar las actividades: Yo también./Yo no./Yo tampoco/Yo sí ...
Se necesita	Una copia de la hoja por alumno
Desarrollo del juego o de la actividad	Es conveniente que el profesor repase el vocabulario antes de la actividad. Los alumnos marcan en la hoja las actividades que quieren comentar. Después las comentan con su compañero/a.

42 Dominó - Parejas de palabras (verbos y sustantivos)

Tipo de actividad	Actividad individual y en pareja
Gramática/ Vocabulario	**Colocaciones de sustantivos con verbos importantes y de preposiciones (jugar a/pagar en efectivo/con tarjeta de crédito/ir de compras)**
Se necesita	Suficientes juegos de las tarjetas recortadas
Desarrollo del juego o de la actividad	Los alumnos relacionan los dibujos con los verbos indicados. Una vez terminada la actividad, se comprueban las colocaciones. Luego los alumnos usan algunas colocaciones hablando de sí mismos utilizando expresiones de frecuencia (nunca, a veces, a menudo ...)
Colocaciones	ir de compras/en moto/en avión escuchar música/la radio jugar a las cartas/al baloncesto/al tenis leer un libro/el periódico tomar/beber un té/un café comer espaguetis/una hamburguesa enviar ≠ recibir una carta/un correo electrónico/un regalo tocar la guitarra/la trompeta tener calor/miedo/hambre pagar en efectivo/con tarjeta de crédito

43 Juego del imperativo – Como mantener la salud

Tipo de actividad	Juego de tablero
Gramática/ Vocabulario	**Conjugar las formas del imperativo**
Se necesita	Copias del juego, fichas y dados
Desarrollo del juego o de la actividad	Los alumnos juegan en parejas. Un alumno tira el dado y avanza el número correspondiente de casillas. El alumno conjuga el verbo en la persona indicada del imperativo. Si es correcto, puede quedarse en la casilla; de lo contrario debe retroceder una casilla. Gana quien termina primero.

44 Consejos para reducir tu huella ecológica y proteger el medio ambiente

Tipo de actividad	Actividad en parejas (Hoja de trabajo)
Gramática/ Vocabulario	**Imperativo** **en vez de + infinitivo**
Se necesita	Una copia de la hoja A y B por pareja
Desarrollo del juego o de la actividad	El profesor pregunta a los alumnos cómo pueden ayudar a proteger el medio ambiente. Alternativamente, como introducción al tema, puede enseñar el vídeo *Reducir, Reutilizar y Reciclar. Para mejorar el mundo de Happy Learning Español* https://www.youtube.com/watch?v=cvakvfXj0KE Después los alumnos trabajan en parejas y relacionan las dos partes en cada hoja para formar una frase según el modelo indicado.

1 Pregúntame – Relacionar cartas

Cartas para recortar

¿Dónde	**vives?**	*¿Cuándo*	**es tu cumpleaños?**
¿De dónde	**eres?**	*¿Cuántos*	**hermanos tienes?**
¿Qué	**hobbys tienes?**	*¿Por qué*	**estudias español?**
¿Cuántas	**personas viven en tu casa?**	*¿Qué*	**comida te gusta?**
¿Dónde	**pasas tus vacaciones?**	*¿Qué*	**lenguas hablas?**
¿Cómo	**te relajas?**	*¿Cómo*	**eres?**
¿Qué	**haces?**	*¿Cómo*	**estás hoy?**
¿Qué	**te da energía?**	*¿Cuál*	**es el trabajo de tus sueños?**

2 Cuestionario - Actividades del tiempo libre

Habla con otros alumnos del curso.
Intenta encontrar a personas con los mismos intereses que tú.
Anota sus nombres.

¿Con qué frecuencia haces estas actividades ?

Regularmente – A veces – Raras veces - Nunca – Cada día/semana/mes...

Ejemplo : ¿Cuántos veces cocinas ? Cocino cada día/Nunca cocino.

	Yo	Nombre	Nombre	Nombre
cocinar				
bucear (hacer submarinismo)				
hacer senderismo				
hacer montañismo				
escuchar música				
jugar a los videojuegos				
ir a un concierto				
ir a mercadillos				
salir con amigos				
ir al cine o teatro				
ir en bici				
jugar a las cartas				
leer un libro				
nadar				
relajarse				
sacar fotos				
tocar un instrumento				
ver la tele				

3 Serpenteo de verbos– Presente de los verbos regulares y *ser*

SALIDA ⇩

estudiar en la universidad ⇨	comer tapas ⇨	Conjuga el verbo *viajar* ⇧	leer un libro ⇩
bailar merengue ⇦	trabajar en un taller ⇦	vivir en Madrid ⇦	hablar español
beber agua ⇨	abrir la puerta ⇨ ⇧	Conjuga el verbo *ser* ⇨	pagar la cuenta ⇩
Conjuga el verbo *beber* ⇦ ⇩	escuchar música ⇦	viajar a Andalucía ⇦ ⇩	viajar a Cuba
hablar con un amigo ⇨	escribir una carta ⇨ ⇩	Conjuga el verbo *viajar* ⇧	ser de Madrid ⇩
estudiar inglés ⇦ ⇩	comer en un bar ⇦	escuchar la radio ⇦	necesitar un café
escribir un *email* ⇨	llegar tarde a la oficina ⇨ ⇧	Conjuga el verbo *escribir* ⇨	no beber alcohol ⇩
Conjuga el verbo *leer* ⇦ ⇩	vivir en un pueblo ⇦	trabajar en Berlín ⇦	Conjuga el verbo *abrir*
discutir un problema ⇨	tomar un café ⇨ ⇩	Conjuga el verbo *estudiar* ⇨	preparar una tortilla ⇩
Conjuga el verbo *describir* ⇦ ⇩	comprar un diccionario ⇦	comer en casa ⇦	Conjuga el verbo *cocinar*

LLEGADA

26

4 Serpenteo de verbos – Presente de los verbos regulares y de uso frecuente

SALIDA

⇩

celebrar una fiesta	⇨ pasear por ...	⇨ ser de ...	⇨ saber español
		⇩	⇩
pagar la cuenta	⇦ **Conjuga el verbo *ser***	⇦ beber agua	⇦ vivir en ...
⇩			
bailar ...	⇨ ver la tele	⇨ trabajar en la universidad	⇨ estudiar ...
		⇩	⇩
abrir la puerta	⇦ hablar con un amigo	⇦ **Conjuga el verbo *estar***	⇦ viajar a ...
⇩			
comer ...	⇨ escribir una carta	⇨ leer el periódico	⇨ preparar una tortilla
		⇩	⇩
estudiar ...	⇦ **Conjuga el verbo *saber***	⇦ escuchar la radio	⇦ discutir un problema
⇩			
leer un libro	⇨ comprar un diccionario	⇨ describir la ciudad	⇨ salir con unos amigos
	⇧		⇩
cocinar con amigos	⇦ no beber alcohol	⇦ **Conjuga el verbo *hacer***	⇦ llegar tarde a(l)...
⇩		⇧	
descansar	⇨ trabajar mucho	⇨ charlar con ...	⇨ **Conjuga el verbo *salir***
			⇩
escribir un email	⇦ **Conjuga el verbo *ver***	⇦ necesitar un café	⇦ tomar una copa

⇩

LLEGADA

5 El juego de los verbos más importantes

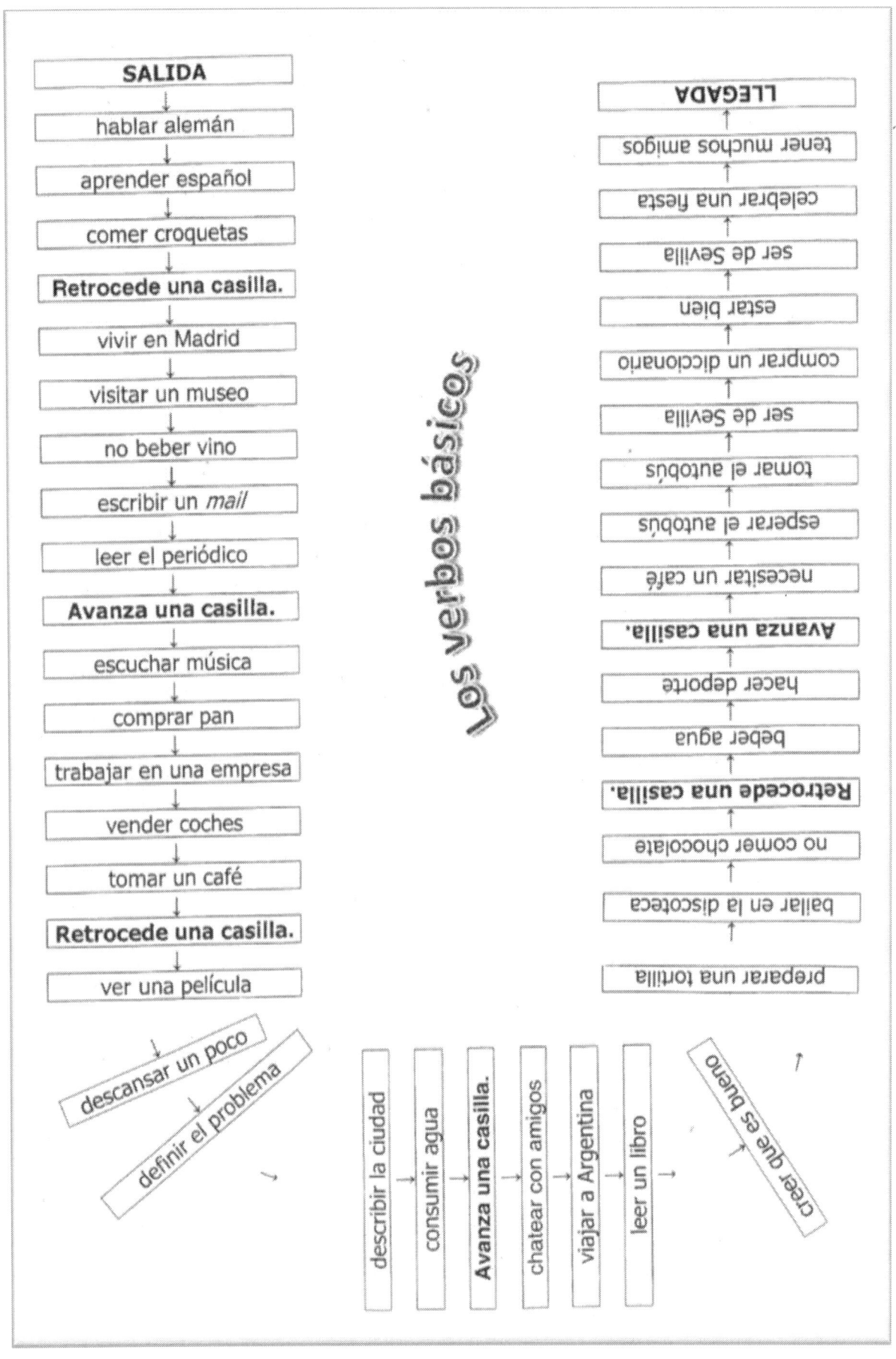

SALIDA

↓

hablar alemán

↓

aprender español

↓

comer croquetas

↓

Retrocede una casilla.

↓

vivir en Madrid

↓

visitar un museo

↓

no beber vino

↓

escribir un *mail*

↓

leer el periódico

↓

Avanza una casilla.

↓

escuchar música

↓

comprar pan

↓

trabajar en una empresa

↓

vender coches

↓

tomar un café

↓

Retrocede una casilla.

↓

ver una película

↓

descansar un poco

↓

definir el problema

Los verbos básicos

LLEGADA

↑

tener muchos amigos

↑

celebrar una fiesta

↑

ser de Sevilla

↑

estar bien

↑

comprar un diccionario

↑

ser de Sevilla

↑

tomar el autobús

↑

esperar el autobús

↑

necesitar un café

↑

Avanza una casilla.

↑

hacer deporte

↑

beber agua

↑

Retrocede una casilla.

↑

no comer chocolate

↑

bailar en la discoteca

↑

preparar una tortilla

describir la ciudad → consumir agua → **Avanza una casilla.** → chatear con amigos → viajar a Argentina → leer un libro →

creer que es bueno

6 El juego de memoria de las actividades cotidianas

Completa las frases referente a las siguientes actividades cotidianas.

Ejemplo: Normalmente desayuno café y dos tostadas.

desayunar ...(qué alimentos):

_____

comer en ... (lugar):

_____

ir en ... (medio de transporte):

_____

hacer la compra en ... (lugar):

_____

cocinar ... (cada día, a veces, los domingos, nunca ...):

_____

ver ... (el telediario, una telenovela, una película.../en la tele, en internet)

_____

escuchar .... (tipo de música):

_____

hacer deporte ... (durante media hora, una hora, dos horas.../por día, por semana):

_____

cenar con ... (personas):

_____

Ahora vas a hablar sobre tus actividades con otro alumno/otra alumna. No podéis anotar nada, solo escuchar. Después informad al grupo sobre vuestra pareja, por ejemplo, «Normalmente Ana desayuna café y dos tostadas.» Si la información no es correcta, tu pareja te corrige.

7 Juego – Verbos irregulares en la primera persona del presente

SALIDA	poner la radio	ser estudiante	caer	traer un regalo	no conducir	ir a pie	tener hambre
							decir la verdad
no decir nada	hacer deporte	ponerse un sombrero	LLEGADA	no saber	estar bien	ser una persona optimista	venir a la clase de español
proponer un plan							
ver la tele							
tener tiempo	no oír bien	salir a comer	no hacer nada	traducir la carta	conocer Madrid	estar en casa	SALIDA

8 Serpenteo de verbos del presente con cambio de raíz: e-ie y o-ue

SALIDA
⇩

dormir mucho	⇨ pensar en las vacaciones	⇨ empezar el trabajo	⇨ probar la paella
poder viajar a España	⇦ **Conjuga el verbo *pensar***	⇦ ¿preferir té o café?	⇦ cerrar la puerta
querer tomar algo	⇨ no poder venir aquí	⇨ entender español	⇨ dormir bien
no tener coche	⇦ querer bailar	⇦ **Conjuga el verbo *tener***	⇦ ¿cuándo volver?
contar una historia	⇨ encontrar a unos amigos	⇨ dormir mal	⇨ empezar a aprender español
no entender nada	⇦ **Conjuga el verbo *volver***	⇦ ¿poder empezar?	⇦ tener muchos amigos
volver mañana	⇨ no pensar nada	⇨ preferir los perros a los gatos	⇨ cerrar la ventana
encontrar el amor	⇦ no tener dinero	⇦ **Conjuga el verbo *preferir***	⇦ contar hasta 20
no dormir	⇨ encontrar trabajo	⇨ entender el problema	⇨ **Conjuga el ver *poder***
pensar en algo bonito	⇦ **Conjuga el verbo *venir***	⇦ tener tiempo	⇦ volver pronto

⇩
LLEGADA

9 Serpenteo de verbos del presente con cambio de raíz: e-ie, e-i y o-ue

SALIDA ⇩

pensar en un amigo ⇨	dormir la siesta ⇨	Conjuga el verbo *preferir*	probar la paella
no decir nada ⇦	¿seguir? ⇦	preferir el té al café ⇦ ⇧	tener hambre ⇩
preferir estudiar a trabajar ⇨	poder viajar a Andalucía ⇨	Conjuga el verbo *pensar* ⇨	¿Qué pensar? ⇩
Conjuga el verbo *volver* ⇩ ⇦	jugar al fútbol ⇦ ⇧	¿Qué poder hacer? ⇦ ⇩	decir la verdad
no tener tiempo ⇨	¿Qué tener que hacer? ⇨	Conjuga el verbo *jugar* ⇨ ⇧	no pensar en nada ⇩
no poder dormir ⇦	seguir todo recto ⇦	repetir la frase ⇦	querer hablar con el jefe
no entender nada ⇨	contar un cuento ⇨	Conjuga el verbo *seguir* ⇨	tener un gato ⇩
Conjuga el verbo *poder* ⇩ ⇦	jugar a las cartas ⇦ ⇧	preferir estudiar a trabajar ⇦	Conjuga el verbo *querer*
empezar el trabajo a las nueve ⇨	volver a casa ⇨	Conjuga el verbo *pedir* ⇨	encontrar a un amigo ⇩
Conjuga el verbo *entender* ⇩ ⇦	¿Cuándo volver? ⇦	dormir bien ⇦	Conjuga el verbo *tener*

LLEGADA

10 Juego – ¿Qué hacen? - Verbos con cambio de raíz

11 Tarjetas - Verbos reflexivos y verbos recíprocos

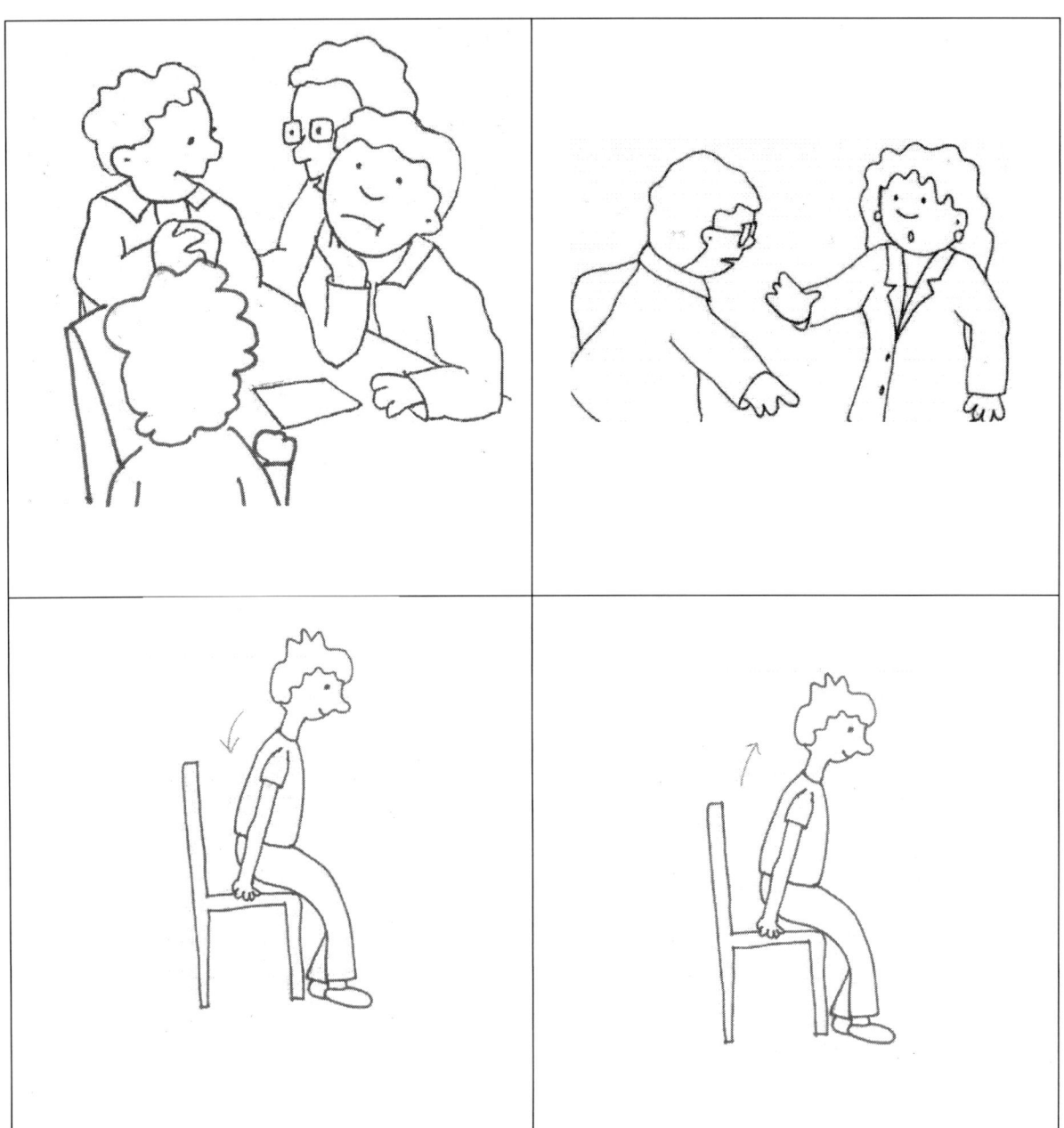

12 Serpenteo de verbos - Presente de los verbos reflexivos

SALIDA

⇩

quedarse en casa ⇨	levantarse temprano ⇨	Conjuga el verbo *relajarse* ⇧	ducharse ⇩
lavarse los dientes ⇦	acostarse (!) tarde ⇦	despedirse (!) de los compañeros ⇦	casarse
divertirse (!) mucho ⇩ ⇨	sentarse (!) en el sofá ⇨	Conjuga el verbo *levantarse* ⇨	aburrirse ⇩
Conjuga el verbo *sentirse (!)* ⇦	relajarse ⇧ ⇦	sentirse (!) bien ⇦ ⇩	irse (!) a casa
peinarse ⇩ ⇨	reunirse con los colegas ⇩ ⇨	Conjuga el verbo *acostarse* ⇧ ⇨	hacerse (!) un selfie ⇩
decidirse a vivir en España ⇩ ⇦	alegrarse mucho ⇦	no aburrirse nunca ⇦	lavarse las manos
imaginarse un mundo perfecto ⇨	no sentirse (!) bien ⇧ ⇨	Conjuga el verbo *sentarse (!)* ⇨	presentarse ⇩
Conjuga el verbo *irse (!)* ⇩ ⇦	bañarse ⇦	enamorarse ⇦	Conjuga el verbo *alegrarse*

LLEGADA

13 Un día en la vida de Irene – Cartas para recortar

Irene se despierta sobre las siete y media.
Se levanta enseguida. Va al baño.
Se ducha y se viste.
Prepara el desayuno.
Desayuna un café con leche y una tostada con mermelada.
Se limpia los dientes después del desayuno.
Sale de casa a las ocho y va a la parada del autobús.
Coge el autobús para ir a la universidad. El viaje dura unos 10 minutos.
Tiene dos clases por la mañana.
A la una y media va al comedor para comer con sus amigas.
Después de la comida va a la biblioteca y a las cuatro tiene otra clase.
A las seis vuelve a casa. Va a pie.
Descansa delante de la tele y después escribe unos correos electrónicos y estudia un poco. Antes de salir otra vez, se cambia de ropa y se arregla.
A las nueve se encuentra con su novio y sus amigos en el centro de la ciudad para ir de tapas a los bares.
Toma un taxi para volver a casa porque es muy tarde y está muy cansada. Se lava los dientes y se acuesta.
Se duerme enseguida.

14 La rutina diaria de Cristina

Ordena los dibujos cronológicamente y describe la rutina diaria de Cristina.
Después compara tu version con la de tu pareja.

15 ¿Qué crees que están haciendo?

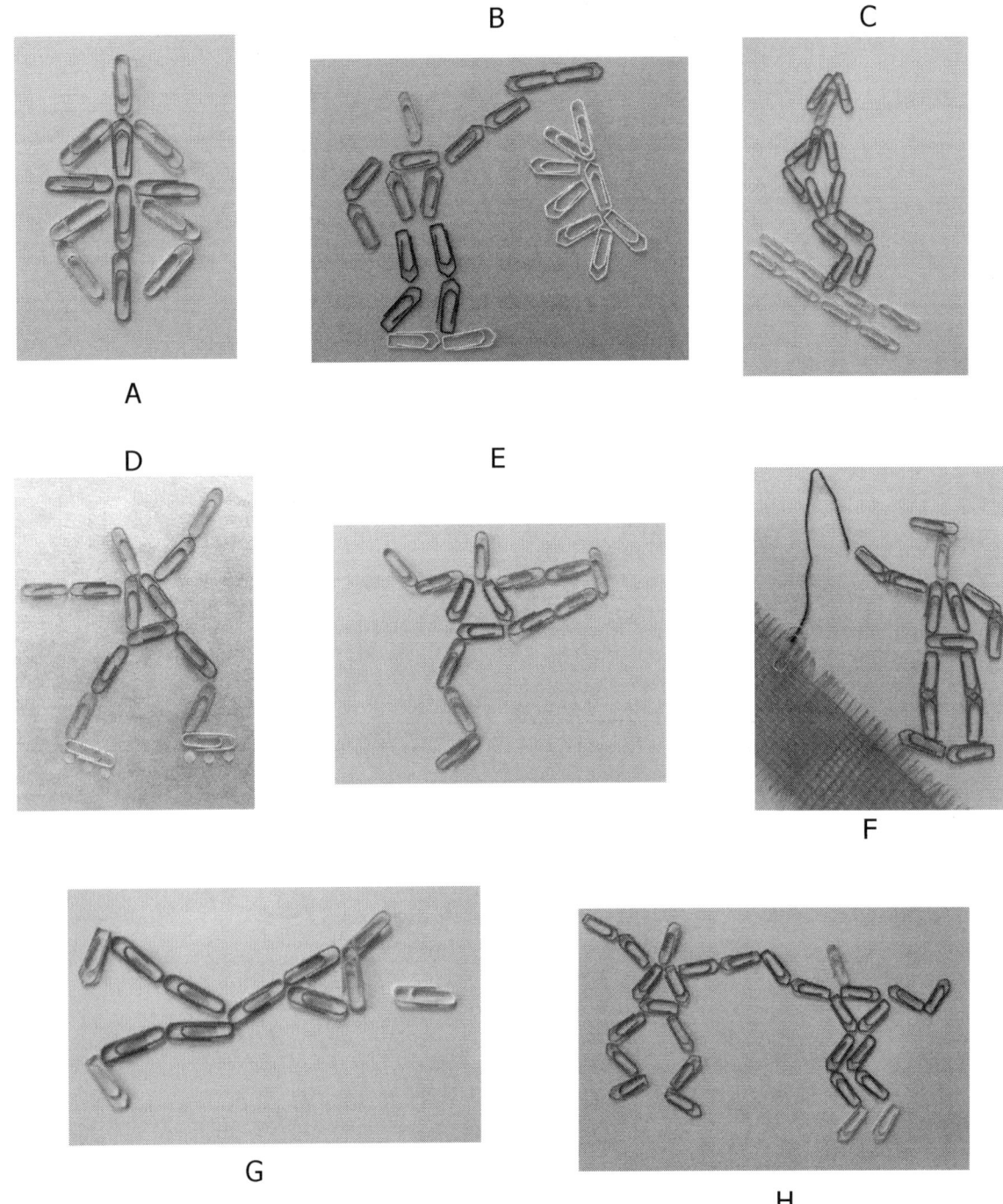

B

C

A

D

E

F

G

H

Escribe lo que están haciendo las personas. Después compara tus frases con las de tu pareja.

Creo que el chico A está ....

16 ¿Qué están haciendo?

Pareja A

No enseñes tu hoja a tu pareja.

Describe a tu pareja qué están haciendo las personas y encuentra las diferencias.

Ejemplo: Una chica está estudiando.

16 ¿Qué están haciendo?

Pareja B

No enseñes tu hoja a tu pareja.

Describe a tu pareja qué están haciendo las personas y encuentra las diferencias.

Ejemplo: Una chica está estudiando.

17 ¿Qué han hecho?

Pareja A

Escribe los verbos en el pretérito perfecto.
Después cuenta a tu pareja qué han hecho Juan y Ana hoy.
Tu pareja te escucha y después toma apuntes.

Hoy, Juan y Ana

(ir) a la universidad	
(tener) cuatro clases	
(estudiar) en la biblioteca	
(enviar) unos mensajes	
(comer) en el comedor	
(preparar) un proyecto	
(ir) de compras a un supermercado	
(cenar) en casa	
(hacer) deporte en el gimnasio	
(salir) con sus amigos	

Ahora tu pareja te cuenta qué ha hecho Concha durante esta semana. Escucha y después toma apuntes.

Después comparadlo.

Y tú, ¿qué has hecho esta semana ?

----

17 ¿Qué han hecho?

Pareja B

Escribe los verbos en el pretérito perfecto.
Después cuenta a tu pareja qué han hecho Juan y Ana hoy.
Tu pareja te escucha y después toma apuntes.

Esta semana, Concha

(trabajar) mucho	
(recibir) muchos correos	
(no tener) mucho tiempo	
(leer) muchos informes	
(traducir) un catálogo al español	
(visitar) una feria	
(reunirse) con unos clientes	
(negociar) con un cliente	
(dar) un paseo en el parque	
(cenar) con los compañeros	
(acostarse) tarde	

Tu pareja te cuenta qué han hecho Juan y Ana hoy. Escucha y después toma apuntes.

Y tú, ¿qué has hecho esta semana ?

----

18 ¿Qué ha pasado antes?

Escribe unas frases sobre lo que han hecho estas personas antes o qué ha pasado antes. Después compara tu versión con la de tu pareja.

Foto: Nathan Dumlao en unsplash

1

2

3

4

19 Juego - ¿Alguna vez has ...?

20 ¿Este mes/esta semana has ...?

¿Qué cosas has hecho? ¿Son las mismas que ha hecho tu pareja?

21 El día de Jorge – Minicuento en el pretérito perfecto

¿Quién es Jorge? ¿Qué ha hecho hoy? Escribe un minicuento.

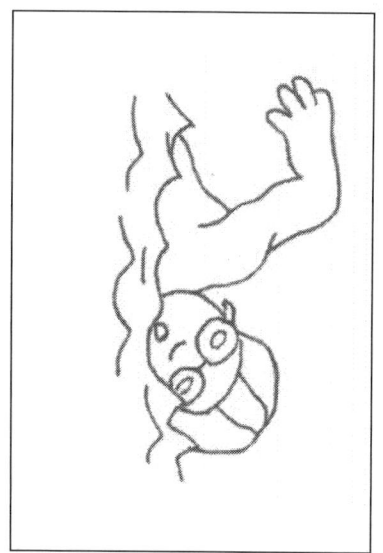
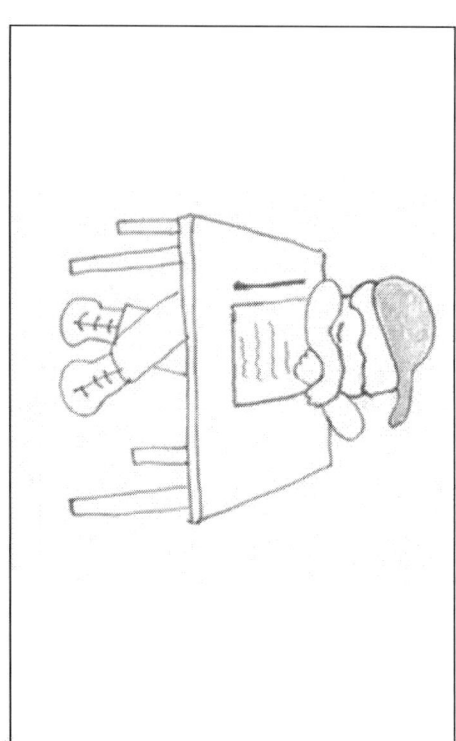

22 La mañana de Antonia – Minicuento en el pretérito perfecto

¿Quién es Antonia (aspecto, edad, profesión, estado familiar ...)? ¿Qué le ha pasado hoy?
Escribe un minicuento.

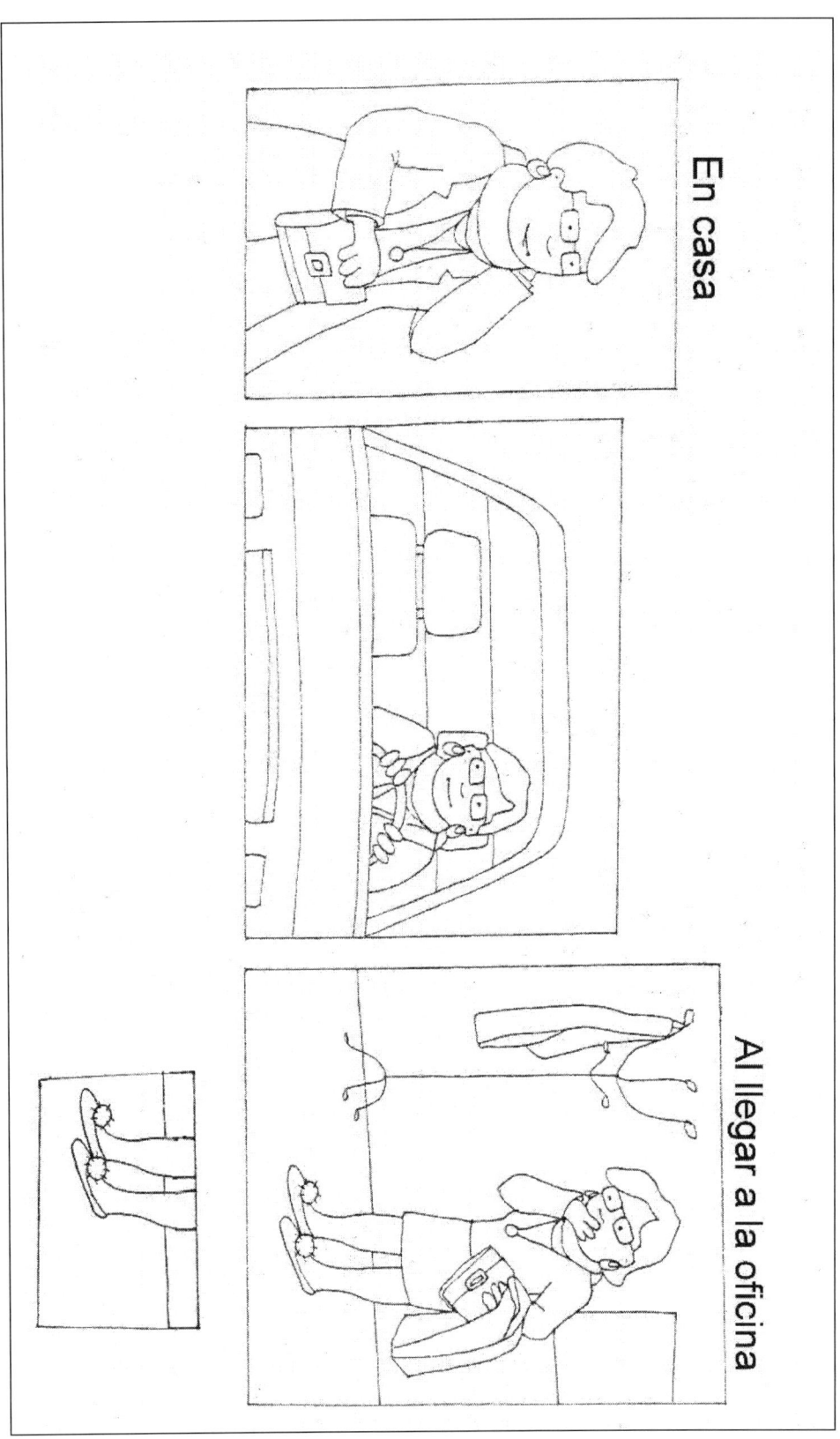

23 Serpenteo de verbos – Indefinido de los verbos regulares

SALIDA

⇩

bailar salsa ⇨	beber ... ⇨	tomar el ... (medio de transporte)	hablar ...
		⇩	⇩
pagar la cuenta ⇦	**Conjuga el verbo *trabajar*** ⇦	recibir un email ⇦	vivir en ...
⇩		⇧	
vender algo *online* ⇨	ver la tele ⇨	trabajar en ...	estudiar ...
			⇩
abrir una ventana ⇦	hablar con una amiga ⇦	**Conjuga el verbo *comer*** ⇦	viajar a ...
⇩			
desayunar ⇨	escribir una carta ⇨	tapear en un bar	preparar una tortilla
		⇩	⇩
estudiar inglés ⇦	**Conjuga el verbo *vivir*** ⇦	escuchar música ⇦	discutir un problema
⇩			
cenar ⇨	comprar un diccionario ⇨	describir el camino ⇨	salir de fiesta
	⇧		⇩
cocinar con amigos ⇦	tomar una decisión ⇦	**Conjuga el verbo *estudiar*** ⇦	llegar tarde a casa
⇩		⇧	
comer en una brasería ⇨	trabajar mucho ⇨	charlar con ... ⇨	**Conjuga el verbo *ver***
			⇩
escribir un email ⇦	**Conjuga el verbo *abrir*** ⇦	descansar ⇦	tomar un café
⇩			

LLEGADA

24 Serpenteo de verbos – Indefinido de los verbos irregulares

SALIDA
⇩

estar en casa	⇨ no poder venir	⇨ ponerse guapo/a/s	⇨ querer viajar a México
tener suerte	⇦ **Conjuga el verbo ser**	⇦ saber la noticia	⇦ hacer senderismo
ir a casa	⇨ poder ayudar	⇨ estar bien	⇨ andar por el parque
traducir la canción	⇦ ser joven/ jóvenes	⇦ **Conjuga el verbo hacer**	⇦ no hacer nada
andar en monopatín	⇨ ir a pie	⇨ tener hambre	⇨ estar en casa
hacer deporte	⇦ **Conjuga el verbo tener**	⇦ estar contento/a/s	⇦ no querer pagar
estar enfermo/a/s	⇨ no poder salir	⇨ conducir en la autopista	⇨ tener hambre
traducir un texto	⇦ ir en tren ⇧	⇦ **Conjuga el verbo decir**	⇦ tener calor
ponerse enfermo/a/s	⇨ saber del accidente	⇨ no tener miedo	⇨ **Conjuga el verbo querer**
no poder hacer nada	⇦ **Conjuga el verbo estar**	⇦ ponerse como un tomate	⇦ tener un problema

⇩
LLEGADA

25 Biografía de Penélope Cruz – Verbos en el indefinido

Penélope Cruz nació el 28 de abril de 1974 en Madrid.
Estudió danza desde pequeña, y a los dieciséis años bailó en el videoclip *La fuerza del destino*, de Mecano.
A finales de los años 80 empezó a aparecer en anuncios publicitarios, en series y en un show musical para adolescentes.
Bigas Luna, un director de cine español, le dio el papel principal en la película *Jamón, jamón* en 1992. En el rodaje de la película conoció al actor español Javier Bardem.
Después de *Jamón, Jamón*, el director de cine Fernando Trueba llamó a Penélope y ella interpretó a una adolescente de catorce años en la comedia *Belle Epoque*. La película recibió varios premios y el Óscar a la mejor película extranjera, lo que le abrió a Penélope las puertas del cine internacional.
Su éxito definitivo a nivel internacional se produjo gracias a su participación en la película de Pedro Almodóvar *Todo sobre mi madre* (1999).
En 2000, participó en el remake americano *Vanilla Sky* de la película española *Abre los ojos* del director Amenábar. Penélope interpretó el papel principal en la película española y también en la version americana.
En el rodaje de "Vanilla Sky" conoció a Tom Cruise y empezaron una relación sentimental que duró tres años.
Se hizo una superestrella en Hollywood con la película *Vicky Cristina Barcelona* de Woody Allen en 2008. Otro protagonista fue Javier Bardem.
Penélope y Javier se enamoraron durante su segunda colaboración y se casaron en secreto en 2010.
En 2011 nació su hijo Leo y en 2013 nació su hija Luna Encinas.

26 ¿Qué hizo Luisa? – Minicuento en el indefinido

Escribe un minicuento sobre lo que hizo Luisa ayer. ¿Qué pasa al final?

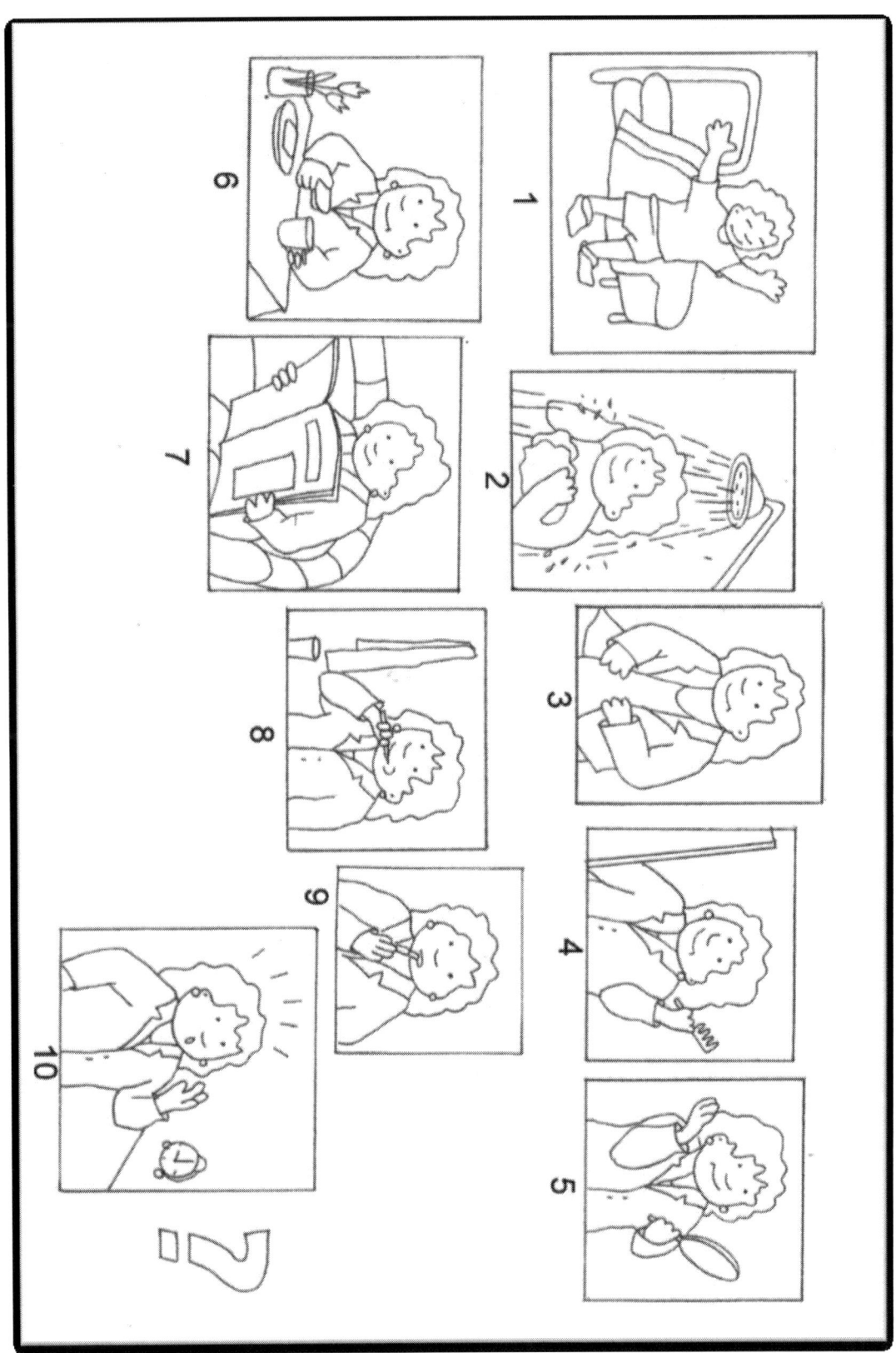

27 El día de David – Minicuento en el indefinido

Ayer David invitó a unos amigos para cenar. ¿Qué hizo antes de la cena?

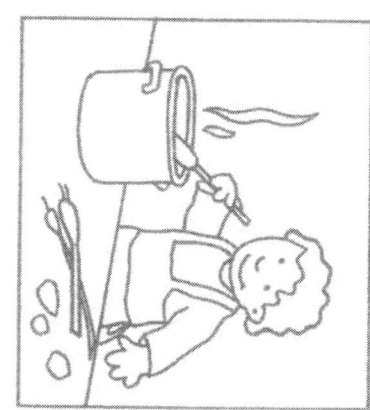

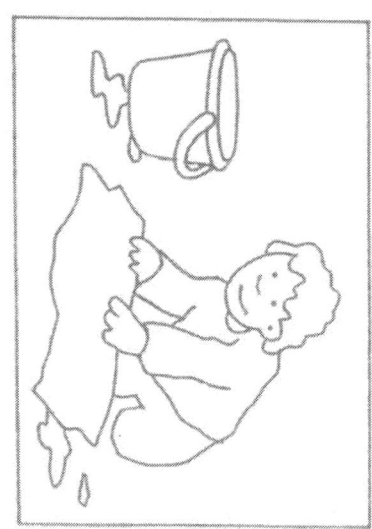

28 ¿Puedes terminar las historias?

Un día Irene salió por la noche para celebrar el cumpleaños de una amiga. Era un sábado, estuvieron hasta las tantas y se lo pasó superbien. Cogió un taxi para volver a su casa, debían ser las tres de la madrugada más o menos. Salió del taxi y entró en el portal y entonces un tipo corrió detrás de ella. Sintió un pánico horroroso, como en una película de terror...

Ese día David se puso una camiseta blanca, una chaqueta verde de cuadros, unos vaqueros de marca y unas deportivas. Se colgó su cadena de plata, se puso su gorra, su anillo dorado y un pendiente con forma de estrella. Como siempre, se ajustó su Swatch y su pulsera con tres piedras azules...

Javier durmió mal y se despertó muy tarde. Se vistió y fue corriendo a la estación de trenes porque tenía un examen.

Ahora escribe una historia sobre algo que te pasó.

30 ¿Qué hicieron ayer? Encuentra las diferencias.

Describe las actividades y encuentra las diferencias que hay entre tu hoja y las de tus compañeros.
Ejemplo: Un chico hizo deporte.

30 ¿Qué hicieron ayer? Encuentra las diferencias. (2)

Describe las actividades y encuentra las diferencias que hay entre tu hoja y las de tus compañeros.
Ejemplo: Un chico hizo deporte.

30 ¿Qué hicieron ayer? Encuentra las diferencias. (3)

Describe las actividades y encuentra las diferencias que hay entre tu hoja y las de tus compañeros.
Ejemplo: Un chico hizo deporte.

31 Serpenteo de verbos – Imperfecto

SALIDA
⇩

levantarse tarde	⇨ beber té	⇨ tomar el tren	⇨ hablar inglés
⇩		⇧	⇩
trabajar mucho	⇦ **Conjuga el verbo *ser***	⇦ recibir muchos regalos	⇦ vivir en Madrid
⇩		⇧	
acostarse temprano	⇨ no comer carne	⇨ trabajar en una empresa	⇨ aprender cosas nuevas
			⇩
quedarse en casa	⇦ hablar con los amigos	⇦ **Conjuga el verbo *ir***	⇦ viajar a México
⇩			
desayunar tostadas	⇨ escribir muchas cartas	⇨ conducir un SEAT	⇨ hacer una tortilla
		⇩	⇩
estudiar inglés	⇦ **Conjuga el verbo *ver***	⇦ escuchar música clásica	⇦ discutir con los colegas
⇩			
cenar en casa	⇨ comprar en el mercado	⇨ quedar con los amigos	⇨ salir de fiesta
	⇧		⇩
cocinar con amigos	⇦ consumir productos regionales	⇦ **Conjuga el verbo *estar***	⇦ llegar tarde a casa
⇩		⇧	
comer en una brasería	⇨ hacer deporte	⇨ charlar con los vecinos	⇨ **Conjuga el verbo *leer***
			⇩
escribir postales	⇦ **Conjuga el verbo *abrir***	⇦ dormir la siesta	⇦ tomar un café

⇩
LLEGADA

32 ¿Qué pasó? - Minicuentos

Escribe un minicuento.

Primera imagen (circunstancias): ¿Qué **hacía** Celia?

Segunda imagen (acontecimiento): De repente, ¿qué **pasó**?

Tercera imagen: ¿Y qué **pasó** entonces (como consecuencia del acontecimiento anterior)?

Escribe un minicuento.

Primera imagen (circunstancias): ¿Qué **hacían** las Ana, Antonia y el perro?

Segunda imagen (acontecimiento): De repente, ¿qué **pasó?**

Tercera imagen: ¿Y qué **pasó** entonces (como consecuencia del acontecimiento anterior)?

Escribe un minicuento.

Primera imagen (circunstancias): ¿Qué **hacía** Begoña?

Segunda imagen (acontecimiento): De repente, ¿qué **pasó**?

Tercera imagen: ¿Y qué **pasó** entonces (como consecuencia del acontecimiento anterior)?

32 ¿Qué pasó? (4)

Escribe un minicuento.

Primera imagen (circunstancias): ¿Qué **hacía** Óscar?

Segunda imagen (acontecimiento): De repente, ¿qué **pasó**?

Tercera imagen: ¿Y qué **pasó** entonces (como consecuencia del acontecimiento anterior)?

33 Cuéntame qué pasó

¿Cuándo era? (Año, estación, día, hora)	Personas ¿Quién estaba? ¿Qué aspecto	Lugar ¿Dónde era? ¿Cómo era el lugar?

CIRCUNSTANCIAS - IMPERFECTO

Acontecimiento
¿Qué pasó?

Nueva acción:

Una fiesta

Indefinido: ¿Qué pasó?	Imperfecto - Situación de trasfondo
Silvia y Ricardo llegaron a la fiesta de sus amigos.	¿Qué cosas había en la fiesta? ¿Quién estaba en la fiesta? ¿Qué aspecto tenían las personas? ¿Qué hacía la gente en la fiesta?
De repente, pasó algó. ¿Qué pasó? ¿Qué hizo la gente? ¿Cómo terminó la historia?	

Un viaje en tren

Indefinido: ¿Qué pasó?	Imperfecto - Situación de trasfondo
Ana se subió al tren.	¿Cómo era el compartimento? ¿Cómo eran las personas que estaban ahí? ¿Qué hacían?
De repente, pasó algó. ¿Qué pasó? ¿Qué hizo la gente? ¿Cómo terminó la historia?	

34 ¿Qué te gusta hacer en las vacaciones?

Otras actividades:

35 ¿Qué prefieres?

Tarjetas para recortar

36 Juego – A ver si coincidimos (gustos y preferencias)

SALIDA/ LLEGADA

¿Qué prefieres – viajar o quedarte en casa?

¿Qué prefieres - comprar en una cibertienda o una tienda normal?

¿Qué comida no te gusta?

¿Con quién te gusta pasar las vacaciones?

¿Qué prefieres – ir a pie o ir en bicicleta?

¿Qué prefieres - los perros o los gatos?

¿Qué película te encanta? ¿Por qué?

¿Qué trabajo no te gusta nada?

¿Qué prefieres - escribir un correo electrónico, un SMS o telefonear?

¿Qué medio de transporte te gusta usar?

¿Qué prefieres - el deporte de verano o de invierno?

¿Cómo te gusta pasar los fines de semana?

¿Qué prefieres – ir en bicicleta o ir a pie?

¿Qué prefieres - estudiar o trabajar?

¿A qué hora te gusta desayunar los domingos?

¿Qué prefieres - visitar un pueblo o un ciudad o una?

¿Cómo te gusta pasar la tarde después de cenar?

¿Cómo te gusta pasar la Nochevieja?

¿Qué países te interesan? ¿Por qué?

¿Qué deporte te gusta?

¿Qué programas de televisión te interesan?

SALIDA/ LLEGADA

¡A ver si coincidimos!

74

37 Serpenteo de verbos – Condicional

SALIDA		Situación: Si me tocara la loteria, (no) ...

invitar a todos los amigos	⇨	beber cava	⇨	Conjuga el condicional de *ir*	⇨	ayudar a los pobres
escuchar música todo el día	⇦	ver la tele todo el día	⇦	tener muchos amigos	⇦	vender el coche viejo
estar feliz	⇨	abrir una tienda	⇨	Conjuga el condicional de *ver*	⇨	estudiar inglés en Inglaterra
Conjuga el condicional de *querer*	⇦	aprender tocar un instrumento	⇦	ir a todas las fiestas	⇦	trabajar de/en...
viajar por el mundo	⇨	escribir un libro	⇨	Conjuga el condicional de *tener*	⇨	estudiar...
dormir más	⇦	Conjuga el condicional de *hacer*	⇦	leer muchos libros	⇦	comprar una casa en ...
comer en un restaurante	⇨	invitar a (personas) a ...	⇨	Conjuga el condicional de *estudiar*	⇨	viajar a ...
Conjuga el condicional de *decidir*	⇦	donar dinero a ...	⇦	vestir ...	⇦	Conjuga el condicional de *leer*
aprender a ...	⇨	levantarse a las ...	⇨	Conjuga el condicional de *beber*	⇨	hacer más deporte
LLEGADA	⇦	tener mucho tiempo libre	⇦	querer más...	⇦	leer...

38 ¿Qué nuevas cosas te gustaría hacer?

¿Qué nuevas cosas te gustaría hacer o aprender?

¿Qué te interesaría?

Habla con tu pareja y coméntalo.

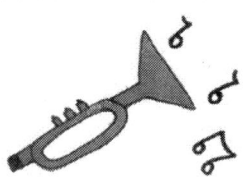

Ejemplos

A mí	me gustaría	aprender a tocar un instrumento.
A mí también.		
A mí no.		
Ya sé tocar la guitarra.		

A mí	no me gustaría	hacer un curso de cocina.
A mí tampoco.		
A mí sí.		

Lista de actividades

empezar un blog	ir a un concierto de ...	actuar en un grupo de teatro
escalar en roca	aprender a bailar	practicar yoga
pintar o dibujar	hacer senderismo	hacer origami
ir al teatro	cultivar verduras	escribir poemas o cuentos
viajar por el mundo	tomar fotos	escribir un libro sobre ...
tener una mascota	trabajar como voluntario	aprender un nuevo idioma
aprender a tocar	aprender un nuevo deporte	apuntarse a un curso de
un instrumento	hacer manualidades	cocinar
	tocar en una banda	meditar
		Otra cosa:

39 ¿Qué va a pasar? – Minicuentos

Describe la primera viñeta de cada minicuento.
¿Qué va a pasar en la viñeta con el signo de interrogación?

39 Minicuentos - ¿Qué va a pasar? (2)

Describe la primera viñeta. ¿Qué pasa en la segunda viñeta?
¿Qué va a pasar en la viñeta con el signo de interrogación? ¿Y qué va a pasar después?

39 Minicuentos - ¿Qué va a pasar? (3)

Describe la primera viñeta. ¿Qué pasa en la segunda viñeta?
¿Y qué va a pasar en la viñeta con el signo de interrogación? ¿Qué va a pasar después?

Describe la primera viñeta.
¿Y qué va a pasar en la viñeta con el signo de interrogación?

40 Un lugar de ensueño

Puedes escoger un lugar para una escapada fin de de semana – la playa, el desierto, un jardín, en la montaña, una isla, un faro, un lago o el mar, una ciudad.

¿Dónde vas a pasar el fin de semana?

¿Dónde está el lugar?

¿Qué vas a hacer?

41 Actividades nada aburridas

Habla sobre algunas actividades y coméntalas con tu pareja, por ejemplo:

Hice montañismo hace dos años. (indefinido)

Yo también he hecho montañismo. /
Yo nunca he hecho montañismo.

Nunca he ido en globo. (pretérito perfecto)

Yo tampoco./Yo sí.

A veces/a menudo/regularmente voy en moto.
(presente)

Yo también voy en moto./
Yo no voy en moto.

42 Dominó - Parejas de palabras (verbos y sustantivos)

	jugar a		beber/tomar
	escuchar		leer
	comer		ir en
	enviar ≠ recibir		tocar
	pagar en		ir en
	enviar ≠ recibir		leer

	comer		tocar
	tener		beber/tomar
	pagar con		tener
	enviar ≠ recibir		tener
	jugar a		escuchar
	jugar a		beber/tomar

43 Juego del imperativo - Cómo mantener la salud

SALIDA	(descansar) lo suficiente	(practicar) deporte	no (comer) muchos dulces	(caminar) 30 minutos al día	(comer) más frutas y verduras	(aprender) a detectar los síntomas de estrés
						(entrenar) en un gimnasio
(relajar) el cuerpo y la mente	no (andar) mucho en coche	(disfrutar) de actividades relajantes	(comer) menos comida basura	(cocinar) comidas con menos sal	no (consumir) drogas	no (tomar) el sol sin protección
(tomar) vino con moderación						(dedicar) tiempo a la familia
						no (usar) el móvil continuamente
(desayunar) bien	no (fumar)	(pasar) más tiempo al aire libre	no (estar) demasiado tiempo ante el ordenador	no (sobre-dimensionar) los problemas	(salir) con los amigos	(dedicar) tiempo a los amigos
					LLEGADA	

44 Consejos para reducir tu huella ecológica
y proteger el medio ambiente

Pareja A

¿Cómo puedes cambiar las malas conductas para proteger el medio ambiente? En la hoja de tu pareja hay conductas buenas.

Usa el siguiente esquema para dar consejos. ¿Cuáles de las conductas buenas ya practicas?

En vez de + | verbo en infinitivo | , | verbo en imperativo |

Ejemplo: En vez de dejar el grifo abierto mientras te cepillas los dientes, ciérralo.

Conductas malas:

usar cargadores de enchufe

tirar objetos rotos

dejar encendidos los aparatos eléctricos

contratar energía nuclear o a base de combustibles fósiles

44 Consejos para reducir tu huella ecológica y proteger el medio ambiente

Pareja B

¿Cómo puedes cambiar las malas conductas para proteger el medio ambiente? En la hoja de tu pareja hay conductas malas.

Usa el siguiente esquema para dar consejos. ¿Cuáles de las conductas buenas ya practicas?

En vez de + | verbo en infinitivo | , | verbo en imperativo |

Ejemplo: En vez de dejar el grifo abierto mientras te cepillas los dientes, ciérralo.

Conductas buenas:

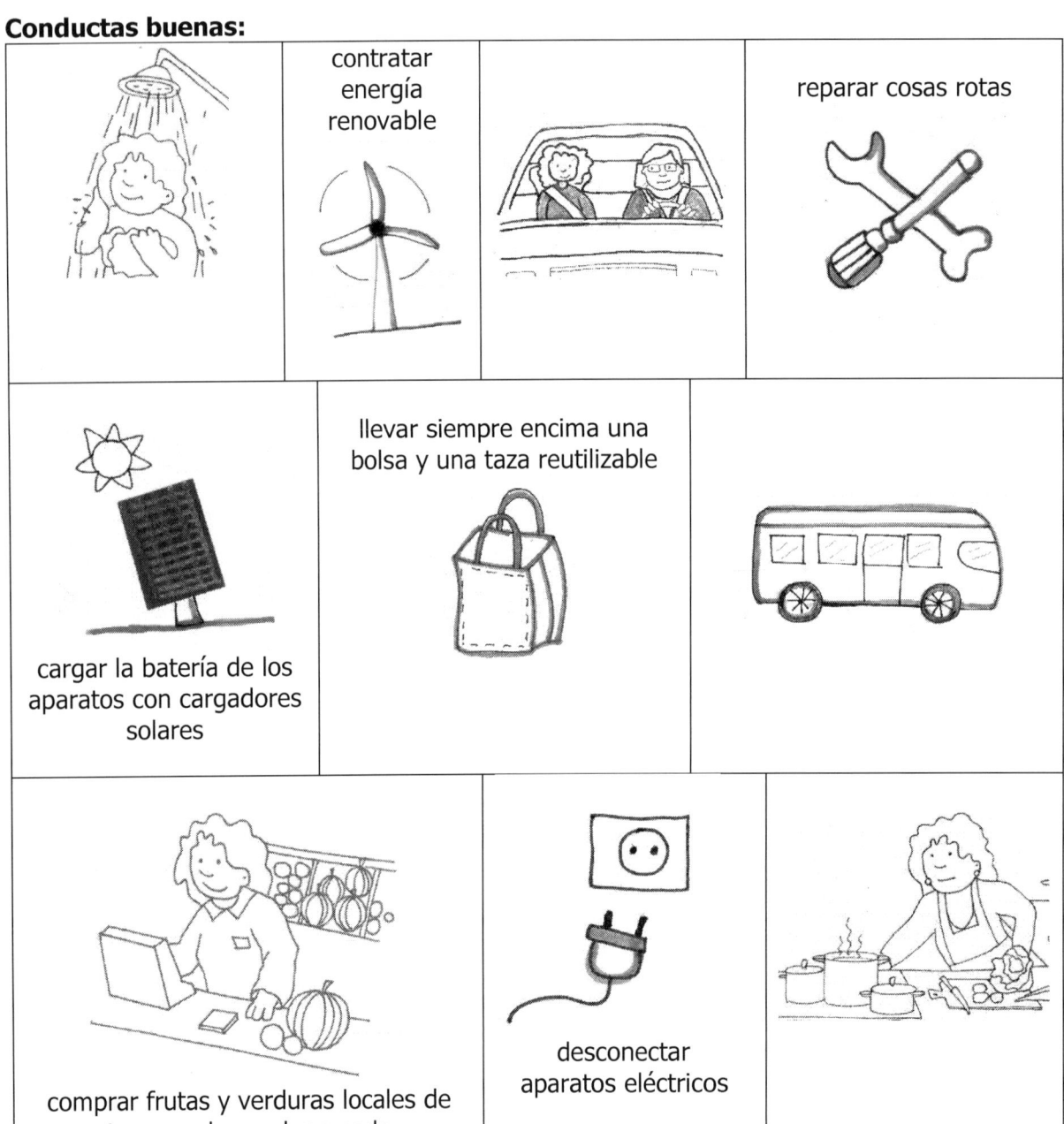

contratar energía renovable

reparar cosas rotas

cargar la batería de los aparatos con cargadores solares

llevar siempre encima una bolsa y una taza reutilizable

comprar frutas y verduras locales de temporada en el mercado

desconectar aparatos eléctricos

PARTE II – Hojas de gramática

Presente de los verbos regulares

	−ar **hablar**	-ir **escribir**	−er **beber**
yo	habl**o**	escrib**o**	beb**o**
tú	habl**as**	escrib**es**	beb**es**
él, ella, usted	habl**a**	escrib**e**	beb**e**
nosotros/nosotras	habl**amos**	escrib**imos**	beb**emos**
vosotros/vosotras	habl**áis**	escrib**ís**	beb**éis**
ellos, ellas, ustedes	habl**an**	escrib**en**	beb**en**

Más verbos:	tomar trabajar cocinar bailar escuchar estudiar viajar desayunar	vivir decidir abrir describir	leer comer beber creer aprender

Verbos irregulares importantes

	ser	**tener**	**ir**
yo	soy	tengo	voy
tú	eres	tienes	vas
él, ella, usted	es	tiene	va
nosotros/nosotras	somos	tenemos	vamos
vosotros/vosotras	sois	tenéis	vais
ellos, ellas, ustedes	son	tienen	van

Verbos con cambio de raíz

Conjugación

Los verbos e → ie

	-ar	-ir	-er
	pensar (denken)	**preferir (bevorzugen)**	**entender (verstehen)**
yo	p**ie**nso	pref**ie**ro	ent**ie**ndo
tú	p**ie**nsas	pref**ie**res	ent**ie**ndes
él, ella, usted	p**ie**nsa	pref**ie**re	ent**ie**nde
nosotros/nosotras	pensamos	preferimos	entendemos
vosotros/vosotras	pensáis	preferís	entendéis
ellos, ellas, ustedes	p**ie**nsan	pref**ie**ren	ent**ie**nden

Los verbos o → ue

	-ar	-ir	-er
	encontrar (treffen)	**dormir (schlafen)**	**volver (zurückkommen)**
yo	enc**ue**ntro	d**ue**rmo	v**ue**lvo
tú	enc**ue**ntras	d**ue**rmes	v**ue**lves
él, ella, usted	enc**ue**ntra	d**ue**rme	v**ue**lve
nosotros/nosotras	encontramos	dormimos	volvemos
vosotros/vosotras	encontráis	dormís	volvéis
ellos, ellas, ustedes	enc**ue**ntran	d**ue**rmen	v**ue**lven

jugar: ju**e**go, ju**e**gas, ju**e**ga, jugamos, jugáis, ju**e**gan

Los verbos e → i

	pedir (bitten, fordern)
yo	p**i**do
tú	p**i**des
él, ella, usted	p**i**de
nosotros/nosotras	pedimos
vosotros/vosotras	pedís
ellos, ellas, ustedes	p**i**den

Lista de los verbos con cambio de raíz en el presente

o → ue	e → ie	e → i
(-ar) contar probar soñar con (-er) poder volver soler llover (-ir) dormir =	(-ar) pensar empezar comenzar cerrar nevar (-er) perder entender querer encender tener - (yo → tengo) (-ir) preferir	(-ir) pedir decir repetir corregir servir
encontrarse acostarse dormirse	divertirse sentirse sentarse	despedirse
jugar = (u → ue)		

Pretérito perfecto

Uso:

Acción pasada reciente realizada que aún forma parte del presente

hoy, esta semana, esta mañana, este mes, este año

He tomado un café solo.

- Cuando se habla de un periodo de tiempo que se prolonga hasta ahora:

¿Has estado en España alguna vez?

Palabras clave:

alguna vez, nunca, siempre, ya, todavía no

Construcción

yo

tú

él, ella, usted

nosotros/nosotras

vosotros/vosotras

ellos, ellas, ustedes

he

has

ha

hemos

habéis

han

+ Participio Perfecto

(hablado, tenido, discutido, etc.)

→ NO CAMBIA

Participios irregulares

abrir	decir	escribir	hacer	ir	poner	ser	ver	volver
abierto	**dicho**	**escrito**	**hecho**	**ido**	**puesto**	**sido**	**visto**	**vuelto**

Indefinido

Uso

Define acontecimientos terminados en el pasado. En la mente del hablante hay una distancia temporal:

El año pasado estuve en México.

Ayer comí un bocadillo en un bar.

Palabras clave:

Ayer, anteayer, en el año 1999, la semana pasada, hace dos años

Construcción: raíz del infinitivo y las terminaciones del indefinido.

	Verbos en -ar	Verbos en -er	Verbos en -ir
	llamar	**beber**	**escribir**
yo	llamé	bebí	escribí
tú	llamaste	bebiste	escribiste
él, ella, usted	llamó	bebió	escribió
nosotros/nosotras	llamamos	bebimos	escribimos
vosotros/vosotras	llamasteis	bebisteis	escribisteis
ellos, ellas, ustedes	llamaron	bebieron	escribieron

Las formas derivan del infinitivo. Las formas irregulares del presente no existen en el indefinido.

Indefinido – Formas irregulares

	RAÍZ	Terminación	Infinitivo
yo	**estuv-**	**e**	*estar*
tú	**pud-**	**iste**	*poder*
él, ella, usted	**pus-**	**o**	*poner*
nosotros/nosotras	**quis-**	**imos**	*querer*
vosotros/vosotras	**sup-**	**isteis**	*saber*
ellos, ellas, ustedes	**vin-**	**ieron**	*venir*
	hic-		*hacer*
	dij-		*decir*
	traj-		*traer*
	tuv-		*tener*
	anduv-		*andar*
	conduj		*conducir*
	traduj		*traducir*

Indefinido de *ser* e *ir*:

yo	**fui**
tú	**fuiste**
él, ella, usted	**fue**
nosotros/nosotras	**fuimos**
vosotro/vosotras	**fuisteis**
ellos, ellas, ustedes	**fueron**

Imperfecto

El imperfecto describe una acción repetida en el pasado:

Cada verano pasabamos las vacaciones en la costa.

El imperfecto describe una acción durativa en el pasado cuyo inicio y fin no se conocen. Por eso se usa para describir las circunstancias que rodean un acontecimiento:

El autobús estaba lleno de pasajeros. Hacía mucho calor. De repente, una mujer se desmayó.

Construcción

Raíz + terminaciones del imperfecto

	-ar	-er	-ir
	tomar	**beber**	**escribir**
yo	tom**aba**	beb**ía**	escrib**ía**
tú	tom**abas**	beb**ías**	escrib**ías**
él, ella, usted	tom**aba**	beb**ía**	escrib**ía**
nosotros/nosotras	tom**ábamos**	beb**íamos**	escrib**íamos**
vosotros/vosotras	tom**abais**	beb**íais**	escrib**íais**
ellos, ellas, ustedes	tom**aban**	beb**ían**	escrib**ían**

Formas irregulares

	ser	ir	ver
yo	era	iba	veía
tú	eras	ibas	veías
él, ella, usted	era	iba	veía
nosotros/nosotras	éramos	íbamos	veíamos
vosotros/vosotras	erais	ibais	veíais
ellos, ellas, ustedes	eran	iban	veían

Condicional

Uso

- Para suavizar peticiones y expresar cortesía:
  ¿Podrías ayudarme?

- Para expresar situaciones hipotéticas:
  En mi trabajo ideal viajaría mucho.

- Para dar consejos:
  Yo, en tu lugar, aceptaría el trabajo

- Oraciones condicionales:
  Si tuviera más tiempo, te ayudaría.

Construcción:

Infinitivo + terminaciones (igual para todas las conjugaciones)

	llamar	**perder**	**discutir**
yo	llamar**ía**	perdería	discutiría
tú	llamar**ías**	perderías	discutirías
él, ella, usted	llamar**ía**	perdería	discutiría
nosotros/nosotras	llamar**íamos**	perderíamos	discutiríamos
vosotros/vosotras	llamar**íais**	perderíais	discutiríais
ellos, ellas, ustedes	llamar**ían**	perderían	discutirían

Formas irregulares

	Raíz	**Terminación**	*Infinitivo*
yo	dir-	ía	*decir*
tú	habr-	ías	*haber*
él, ella, usted	har-	ía	*hacer*
nosotros/nosotras	podr-	íamos	*poder*
vosotros/vosotras	pondr-	íais	*poner*
ellos, ellas, ustedes	querr-	ían	*querer*
	sabr-		*saber*
	tendr-		*tener*
	vendr-		*venir*
	saldr-		*salir*

Imperativo

- El imperativo positivo regular de 'tú' es igual a la tercera persona del presente.
- El imperativo positivo de 'vosotros' se deriva del infinitivo con la terminación 'd' en vez de 'r'
- El imperativo positivo de 'usted' se deriva de la primera persona del presente.
  Conjugación: de -a: e
  Conjugación: de -e: a
  Conjugación: de -i: a

	bailar	**comer**	**escribir**
tú	¡baila!	¡come!	¡escribe!
usted	¡baile!	¡coma!	¡escriba!
nosotros/nosotras	¡bailemos!	¡comamos!	¡escribamos!
vosotros/vosotras	¡bailad!	¡comed!	¡escribid!
ustedes	¡bailen!	¡coman!	¡escriban!

Las formas irregulares de 'tú' son:

decir	di
hacer	haz
ir	ve
poner	pon
salir	sal
ser	sé
tener	ten
venir	ven

Todas las formas del imperativo negativo corresponden al subjuntivo.

	bailar	**comer**	**escribir**
tú	¡No bailes!	¡No comas!	¡No escribas!
usted	¡No baile!	¡No coman!	¡No escriba!
nosotros/nosotras	¡No bailemos!	¡No comemos!	¡No escribamos!
vosotros/vosotras	¡No bailéis!	¡No comáis!	¡No escribáis!
ustedes	¡No bailen!	¡No coman!	¡No escriban!

El radical del imperativo se deriva de la primera persona (yo) del presente del verbo. Por eso, las formas del imperativo de 'usted', 'ustedes' y de 'nosotros' y el imperativo negativo también se derivan de la primera persona. Si esta forma es irregular, el imperativo también es irregular: poner: pongo – (no) ponga- (no) pongan – no pongas – (no) pongamos - no pongáis.

Imperativo (2)

Los verbos con cambio de raíz: e-ie, e-i y o-ue tienen las siguientes formas:

	Imperativo positivo	Imperativo negativo
tú	piensa	no pienses
usted	piense	no piense
nosotros/nosotras	pensemos	no pensemos
vosotros/vosotras	pensad	no penséis
ustedes	piensen	no piensen

	Imperativo positivo	Imperativo negativo
tú	vuelve	no vuelvas
usted	vuelva	no vuelva
nosotros/nosotras	volvamos	no volvamos
vosotros/vosotras	volved	no volváis
ustedes	vuelvan	no vuelvan

	Imperativo positivo	Imperativo negativo
tú	pide	no pidas
usted	pida	no pida
nosotros/nosotras	pidamos	no pidamos
vosotros/vosotras	pedid	no pidáis
ustedes	pidan	no pidan

Dormir: duerma/durmamos/no durmáis

FSC® C083411

Zeitfracht Medien GmbH
Ferdinand-Jühlke-Straße 7
99095 Erfurt, Deutschland
produktsicherheit@kolibri360.de